## INDEX

# RUN IT!

COLUMN

1

WHAT IS SOKA?

創価学会ってどんなところ？

# ありのままで、君らしくやればいい。

コラム欄はすべて、『第三文明』2014年2月号・特別付録より転載

## Q 今が楽しいし、特に変わりたくない。

今の生活に満足しているなら、あえて今の自分を変えたいと思わないのは当然だよね。無理に変わろうとするのは、ちょっと疲れるし。でも、その生活は、1年後も続いている？ 10年後は？ まさか、死ぬまで続くって思っていないよね。よく考えれば、変わらずに生きていくことって、一番難しいことなんじゃないかな。

世の中は、刻一刻《こくいっこく》と変化している。時代とともに、文化や習慣、価値観だって変わる。君自身も年齢を重ねれば、親も年老《としお》いていくし、自分の健康にも不安が出てくる。環境は変わっていくよ。そんな中で、変わらずに生きることって、すごい信念が必要だよ。逆に言えば、その強い信念を引き出してくれるのが、信仰の力だといえるんだ。

たとえば、海の上では、何もしなければ気付かないうちに波に流されてしまう。同じように人生だって、何もしなければ、時代の変化という波に、いつの間にかさらわれ、遠くに流されてしまう。むしろ変化の大きい社会で変わらないで生きていくのは、難しいよね。

それに、この仏法でいう「変わる」とは、何か特別な存在になるという意味じゃない。ありのままの自分の姿で、どんな荒波《あらなみ》にも流されない、強い人に成長することができるということなんだ。

飾らず、ありのままの姿で、君らしくやっていけば大丈夫！「自分を磨こう」「今いる場所で頑張ろう」と、思えるようになるよ。そうすれば、今なんかとは比べものにならないような、幸せで充実した生活が送れるよ。

CHAPTER 1

# TURNING POINT

## ・ターニングポイント・

昨日より今日、今日より明日へ、
なりたい自分に変わっていく物語。
そんな「転機」が、あなたの人生にもきっとある。

OCCUPATION

# 医療機器営業マン

NAME

## 天野 一城 さん

PROFILE

あまの・かずき
1985年（昭和60年）生まれ、入会。宮崎市在住。創価大学卒業後、大手広告会社を経て外資系医療メーカーに転職。医療機器営業マンとして奮闘する。

2016年4月10日
聖教新聞掲載

## 覚悟が 魅力を 輝かせる

医局では、医師たちが忙しく仕事と向き合っている。カルテに目を通す人、席を立ってオペ室に向かう人。

「こんにちは……」

天野一城は、震えながら声を絞り出す。

誰も、立ち止まる人は居ない。活気あふれる医局の中で、天野だけが、棒立ちのまま動けない。

院長が、突如、目の前に現れる。「明日から、お宅の機器は使わないから」――。

頭が真っ白になる、と同時に自宅の天井が目に入った。

〝夢だったのか〟と気付いても、恐怖は汗にぬれた寝間着と同じく、べったりと心に張り付いて消えなかった。

◆

満を持しての転職だった。

大手広告会社で3年。たゆまぬ努力と人当たりの良さで、9四半期連続、営業目標を達成した。将来を嘱望《しょくぼう》されつつも、「自分の力を試したい」と、2012年（平成24年）4月に転職。世界展開する外資系企業に入り、医療機器営業マンとなる。同年10月、宮崎県へ赴任した。

担当は、外科手術に用いられる縫合《ほうごう》器や吻合《ふんごう》器だ。臓器や血管を縫い合わせる縫合も、腸の端をつなぐ吻合も、昔は医師の力量に依存していた。日進月歩の機器開発が、オペの精度向上に貢献している。

開発に伴い、医師や看護師など、医療関係者ごとに講習会を開く。実際のオペにも立ち会い、機器の使い勝手を見届ける。現場からの質問にどう答えるかが、そのまま信頼となる。

「デルタ吻合のポイントって何だっけ?」

医局での会話中も、医師から質問が次々と投げ掛けられる。

〝確か、胃がんに対する腹腔鏡《ふくくうきょう》下幽門側《ゆうもんそく》胃切除後の再建方法で……〟と必死に知識を探るが、ポイントまでは出てこない。

「えー……」

機器の性能はもちろん、手術に関する知識も求められる環境の中で、「パートナーとして頼りない」との不満が、風の便りに聞こえてきた。

飲みに行くたび先輩が言う。

「おまえ、普段はおもしろいのに、どうして病院でその力が出せないんだ?」

「なぜですかね」

苦笑いを返しつつも、天野の焦りの色は濃くなるばかりだ。

◆

〈おまえなら、どこに行っても大丈夫だ〉

前職の送別会でもらった寄せ書きを眺めては、感傷に浸る。赴任から1年が過ぎていた。

〝転職したのが間違いだったんだ〟

心は後悔でいっぱい。男子部の部長が自宅マンションを訪ねてきたのは、ちょうどそのころのことだ。

創価大学を卒業した三つ年下の同窓生。「お話を聞かせてください」という丁寧な口調と、人懐《なつ》こい笑顔が印象的だった。

学生時代に発心《ほっしん》して、第1志望の企業に就職を果たし、結果を出してきた天野である。その努力も今の苦境も、話せる限り語った。

後輩が言う。

「すごいじゃないですか。絶対に大丈夫ですよ。創大のときから、いっぱい頑張ってきたんですから」

目を輝かせている姿に、心が動いた。

〝この後輩を、悲しませたらあかん〟。そんな思いが、天野を御本尊に向かわせる。池田先生の指導を求め、学んだ。

「信頼されるパートナーでありたい」と、人知れず勉強を重ねる

「仏の大法《だいほう》を持った我らには、乗り越えられない苦難はない」「どん底からが、真の信心《しんじん》の戦いの始まりである」

行き詰まった自分が試されていること、その信心の戦いとは、何だろう――唱題《しょうだい》を重ね、考えた。

〝知識も経験も足りない。でも、本当に足りないのは、もっと別のものじゃないか?〟

なぜ出会って間もないのに、悩みを打ち明けたのか、天野は、あらためて考えてみる。これまで出会ってきた学会の先輩や、仲間との思い出までもが浮かんできた。

〝そうだ……仲間が、本気で思ってくれたから、自分も本音が言えたんだ。よし!〟

このときから、天野に笑顔が戻ってきた。病院へ行くのが怖くなくなった。会う人全員に、心の底から言うことができた。

「お役に立てることはありませんか」

天野は気が付いた。

〝知識と経験は積めばいい。試されているのは、医者や患者の役に立つという覚悟だ〟

後日、職場の先輩が天野に語った。「おまえ、がらっと変わったな。良さがぐんと表に出てきた」

2014年夏。赴任から、2年がたとうとしていた。

◆

昨年は〝躍進の年〟となった。機器の講習会の開催数は、13年の10倍、100回を超えた。医師の口コミで評判が広がり、新規に大型契約を結んだことも。成功事例として社内で紹介され、全国へ向け発信された。昇格も果たし、周囲も驚く逆転劇を演じた。

今も、悩むことは常にある。だが天野には、転職から得た教訓がある。

「決断自体に良いも悪いもないということです。あるのは、良い決断にしていける、自分自身であるかどうかだと学びました」

彼が人から好かれる理由は、自分と向き合う真摯《しんし》さにある。

【サイドストーリー】

「覚悟を決める」きっかけとなったことがもう1つある。故郷の大阪に住む母・京子さん(59)=大阪市住吉区在住、区副婦人部長=の闘病だ。

2014年から体調を崩し、医師からは「末期の乳がん」と。それでも毅然《きぜん》と病に立ち向かう母に、「長男として、やりきった結果を報告し、安心してもらいたい」と思った。

天野を励ましてくれた男子部の後輩は、このとき、自分の母親の闘病を見守り、霊山《りょうぜん》へ旅立つのを見送った直後。「僕もお母さまの回復を、一緒に祈ります」と。

今、母は、抗がん剤治療を乗り越え、元気に過ごしている。仲間に感謝し、親孝行のできる人生でありたい――天野は日々、心に期している。

どこへ行っても、認め合い、笑い合える男子部の仲間がいた。(右から4人目が天野さん、その右隣が、天野さんを訪ねてきた後輩の安富明男さん)

TURNING POINT

No 02

OCCUPATION

# 家電量販店で日本一の女性店員

NAME

川口朋子さん

PROFILE

かわぐち・ともこ
東京都荒川区在住。短期大学を卒業後、家電量販店最大手のヤマダ電機に入社。白物家電販売を担当する。2015年の全国1位をはじめ、近年は、常に日本一を競う成果を出す。主任として売り場管理を担いながら、販売にも尽力し、職場をけん引する。

2016年12月18日
聖教新聞掲載

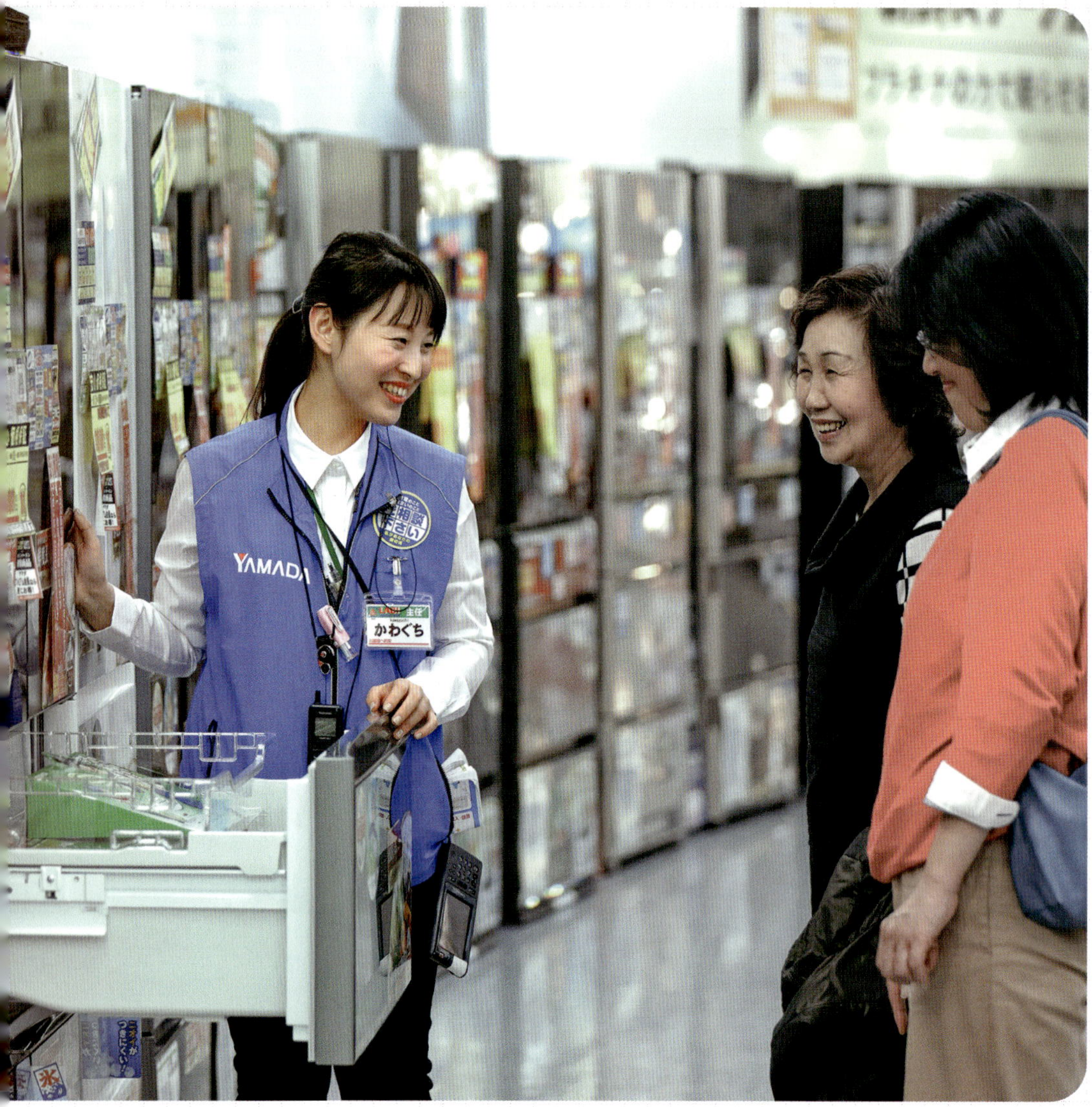


## 彼女が「大丈夫」と言える理由《ワケ》

### 日本一の女性店員として

川口朋子は、業界最大手の家電量販店で、年間約2億円を売り上げる女性店員だ。白物家電の中で、冷蔵庫、洗濯機、照明器具を中心に担当。一昨年は全国2位、昨年は1位、今年は2位——頂点を目指し、常に日本一を競う。髪を束ね、「かわぐち」の名札を着けた瞬間から、プロフェッショナルのスイッチが入る。

歯切れの良い口調でありながら、決して来店客を急がせない。まずは〝お客さまが何を求めているか〟を、的確に共有する。冷蔵庫なら容量、高さ、奥行きなどの物理的条件。そして、家族構成などの生活背景。例えば、育ち盛りの子どもがいれば、弁当に必要な冷凍食品用の機能が重宝《ちょうほう》されるからだ。

相手から「○○な商品ってある?」と言ってもらえれば、全商品の情報は、川口の脳内にある。リズムを刻むがごとく、あいさつ→トーク→カウンター→成約と、来店客の笑顔とともに売り上げを重ねていく。だが、そんな川口も、入社3年目までは「カウンターが遠かった」。

2011年(平成23年)4月、短期大学を卒業し入社した。商品カタログを学び尽くし、休日には、メーカーが主催する新商品の研修会にも足を運んだ。だが、一向に売れない。

「(買う物が)決まったら呼びます」

• TURNING POINT •

こう言われると、手も足も出ない。逆に、商談に1時間を費やしたことも。ニーズを理解できず、多数の商品を提案しては、買い手を悩ませた。

仕事を辞めようとさえ思った。池田先生の小説『新・人間革命』を読み、ある言葉に出あう。

「職場にあっては、仕事の第一人者、勝利者としての実証《じっしょう》を示し、信頼の柱となるのだ」

社会人1年目の頃を思い出した。長い時間を取らせてしまったが、懸命に語る川口の姿に、「あなたの接客が好き」と言ってくれる夫妻がいた。「名刺を頂ける？　お友達に紹介するから」と。

〝そう言ってくださるお客さまがいた。私は、まだまだ成長できるはず〟。そして、努力の末、今の接客スタイルを練り上げた。

商品を気に入ってくれたはいいが、「このサイズの冷蔵庫、わが家に入るかしら？」という問い合わせも多い。そんな時こそ川口は、家の詳細を確認し、にっこり笑って「大丈夫です」と。積み重ねてきた知識、来店客への誠意が、「安心してもらえる接客」を実現する。

2カ月前、主任に抜てきされ、フロアの責任も担うようになった。売り場を管理しながら売り上げもつくる――新たな立場で、〝信頼の柱〟を目指す。

## 女子部の部長として

昨年夏、仕事を終えると、朋子は荒川区へと家路を急いでいた。まだ、彼女の一日は終わらない。女子部の部長として、創価学会の後輩を訪ねるからだ。

〝愛ちゃんは、元気にしているかな……〟。仕事が多忙な中でも、女子部の仲間たちのことは、いつも心にある。愛ちゃんも、その一人だった。

春、何の前触れもなく、愛ちゃんの勤め先が倒産した。将来に不安を感じ、家に引きこもりがちになった仲間のもとへ、朋子は何度も足を運んだ。

愛ちゃんは体調を崩していて、会うことはできなかった。朋子は、家の人に、手紙とチョコレートを託した。

〈ゆっくり休んでね。大変なことがいっぱいあると思うけど、愛ちゃんなら大丈夫だよ。また一緒に会合へ行こう〉――。

かつて朋子が仕事を辞めたいと思った時、女子部の先輩に電話した。「朋ちゃんなら大丈夫。使命があるから。一緒にお題目《だいもく》をあげよう」。電話から聞こえる先輩の声が、悲しみを包み込んでくれるように思えた。

職場では、朋子のタフさを誰もが認める。でも、元から強かったわけではない。自信がなかった。自分になんか、できるわけがないと思っていた。先輩が、共に祈ってくれたから、〝負けてたまるか〟と思えた。〝仕事を面白くしてやろう〟と決めた。だから、日本一にもなれたのだ。

苦しさも、負けない自分へ変われることも、経験した。だから朋子は、先輩が語ってくれたように、愛ちゃんに語れる。「大丈夫だよ」と。

愛ちゃんは、朋子が訪ねてきてくれた一回一回を、今も忘れない。手紙に添えてくれたチョコレートの味も。外出できるようになり、朋子と一緒に会合に参加したことも。ある時、電車の窓から外の景色を眺めながら、ふと気が付いた。

〝朋子さんは私以上に、私のことを祈ってくれた。学会ってすごいな〟。そう思ったら、涙が流れた。

本年、愛ちゃんは再就職を果たした。朋子と一緒に新たな後輩へ、励ましを送っている。

朋子が仕事に挑む際、支えにした小説『新・人間革命』の言葉には続きがある。

「地域にあっては、友好の輪を広げ、和楽《わらく》と幸福の実証を打ち立て、地域の希望の太陽となっていくのだ」

職場を離れ、髪をほどけば、口調もおっとり。チョコレートが好きで、ハローキティが好きで、外国のアイドルグループが好き――。どこにでもいる女の子だが、女子部の〝華陽《かよう》姉妹〟にとって、なくてはならない〝希望の太陽〟だ。

女子部の友に川口さんはどんな人かと尋ねると、「何でも話を聞いてくれて、私たちを信じてくれて、一緒に歩んでくれる人です」と。三の輪橋支部の仲間と共に、誠実を貫き広布に歩む（右から2人目が川口さん）

• TURNING POINT •

No 03

OCCUPATION

# 日本一の窓ふき職人

NAME

竹内 誠 さん

PROFILE

たけうち・まこと
1979年（昭和54年）生まれ、2002年（平成14年）入会。東京都世田谷区在住。ビル清掃会社に勤務。第16回「日本ガラスクリーニング選手権大会」優勝。

2014年11月29日
聖教新聞掲載

## 挑み、勝つ！

右手にシャンプー（洗剤を付けた用具）、左手にスクイジー（水切り）。地上数十㍍、ビルの壁面でガラスと向き合う。窓ふきの仕事を始めたのは、1999年(平成11年)のことだ。

家族を好きになれず、高校卒業後、家出同然に故郷を飛び出した。アルバイトをしながら日本各地を回り、東京の世田谷に流れ着く。4畳半のアパートで、アルバイト雑誌の募集欄に「窓ふき」の文字を見つけた。

〝面白そうだし、一丁やってみるか〟

軽い気持ちで始めたが、それから15年続くとは想像もしなかった。実際、3年前には業界から離れた。が、得手不得手はあるもので、転職は失敗に終わり、別の会社で窓ふきの道に〝出戻り〟した過去がある。

一度は決めた方向転換、それがあえなく挫折……。竹内は筆舌に尽くしがたい悔しさを味わった。〝負けたままでは終われない！〟

その一心で、10年越しに挑んだのが、本年の「日本ガラスクリーニング選手権大会」だ。3枚のガラスの競技板をシャンプーとスクイジーで磨き、そのタイムと精度（減点分が加味される）の〝総合タイム〟を競う。2年に1度行われる大会で、過去4回は地区予選の東京大会で敗北を喫してきた。

誰よりも練習に汗するも、勝てない。付いたあだ名は「練習チャンピオン」。前の会社では社長も「次こそ竹ちゃん！」と。その社長が、別の会社で奮闘する竹内のため、就業時間後に練習場所と競技台まで提供してくれた。

〝勝ってみせる〟と題目《だいもく》を唱えるうち、気が付けば〝この人たちに何としても恩返しを！〟と念じるようになっていた。

本年6月、5度目の東京大会。出場選手中、2位の好成績で初めて全国大会へ。10月3日、決戦の日を迎えた。

予選は、20秒281のタイムで上位10人に入り、決勝へ。

緊張も恐れもなかった。前日に祈って思い浮かんだことは「同じ東京選出の選手の活躍と、優勝後の自分のインタビュー姿」。結果は、17秒566の自己ベスト。世界大会優勝経験者ら、並み居る猛者を抑え、日本一の「厚生労働大臣賞」に輝いた。

ところで、2位は前の会社の上司。実は練習場所の提供を掛け合ってくれた恩人だった。結果は、下位成績者からコールされる。第3位の選手が発表された瞬間、元上司と竹内の〝ワン・ツーフィニッシュ〟が確定した。

「優勝よりもその瞬間が、僕にとっては喜びでした。恩返しができたのだから」

◆

世間には、こう見る人がいるかもしれない。

〝優勝して、生活が楽になるのか？〟

〝仕事の質に、大きな差が生じるのか？〟

「そういうメリットはありませんよ」と竹内は笑う。賞金も少ない。仕事の出来に、秒単位の差を求められるわけでもない。

しかし、日本一になったからこそ完結し、この先へと続いていくものがある。「この道で生きる意味」だ。

男子部の友と（右から３人目が竹内さん）

かつて、創価学会の男子部の先輩に問われたことがある。

「夢ってあるか？」

学会活動に頑張り始めたころで、竹内からとっさに出たのは「広宣流布《こうせんるふ》ですかね」という「？」付きの答えだった。

先輩は続けた。「具体的な夢を持とう。学会活動に限らず、どう生きることが広宣流布につながるかを考えるんだ」と。

日本一になった今、もし同じ問いを出されたら――。

竹内は、こう答える。

「実力を付け、資格も取って、世界大会に出たい。〝業界の顔〟になれたことに感謝して、会社はもちろん、業界、社会のためになる仕事がしたい。それが、生活における広宣流布です！」

【サイドストーリー】

創価学会を知ったのは、窓ふきの仕事を始めて間もなくのころ。

本で読んだことしかない宗教というものを、やってみる気は無かったが、熱心に語るアルバイトの先輩に、ついこう言った。「そんなにすごいって言うなら、すごい人に会わせてくださいよ」

ついていった先は、創価学会員の夫妻宅だ。あいさつを交わした瞬間、「ご夫婦が持っている穏やかさ、雰囲気に心が和んだ」。

当時23歳、誰とも深くは交わらず生きていこうと思っていた。それが初めて〝家族っていいものかもしれない〟と感じた。

夫妻は語った。「真面目に信心《しんじん》すれば、結果は見えているからね」

入会から12年、思えばその結果が何なのか、確かめる道のりだった。仕事の結果以上に、自分の心が変わったことに、竹内は功徳《くどく》を感じる。

「親孝行を頼みます」「両親を大切に」――池田先生が折あるごとに語るのを聞き、半ば音信不通だった実家へ、顔を出すようになった。親子の絆を結び直せた。

今回の優勝も、家族全員が喜んでくれた。竹内の心に刻まれている祖母の口癖を紹介したい。

「日本一なら、何だって偉いんじゃ！」

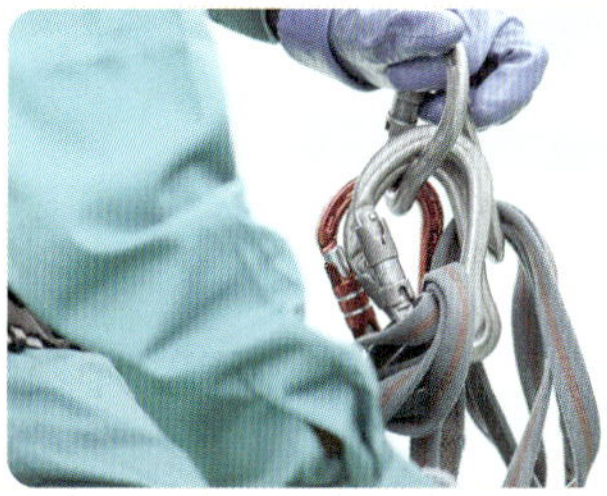

命綱を固定し、安全確保の上で作業へ臨む

No 04

OCCUPATION

# 介護施設のユニットリーダー

NAME

高沢 愛 さん

## 「今」を最高に輝かせたい!

「あの愛が、介護の仕事をよく続けているよね」

久しぶりに同級生に会うと、必ずといっていいほど言われる。そんな時、高沢愛は昔と変わらずに、のんびりとした声でうなずく。

「ほんと、そうだよねー」

高校時代は、学校をサボって、遊んでばかり。介護の道に進んだのも、何か決め手があったわけじゃない。支えてくれた家族や友人たちのおかげだった。

「精神的にキツいし、重労働でしょ?」

言われてみれば、確かに、それは間違ってはいない。「でも」と愛は、いつもの話し方と違い、キリッと答える。「利用者さんと触れ合う中で、たくさんの宝物をもらっているよ」と――。

◆

愛が勤務する仙台市内の介護施設は、介護福祉士や医師、看護師など１００人以上のスタッフが、24時間体制で勤務している。自宅での生活が困難

PROFILE

たかさわ・あい
宮城県仙台市出身。短期大学在学中に入会した。卒業後、介護施設に勤務。現在、ユニットリーダーとして、利用者に寄り添う介護に徹している。

2017年10月8日
聖教新聞掲載

になった高齢者の介護や、病院を退院した後のリハビリを行う。約100人が入居している。

介護福祉士として就職したのは、短期大学を卒業した2004年（平成16年）。食事や排せつ、入浴などを介助した。

おじいちゃん、おばあちゃんといえば、いつもニコニコしているものだと思っていた。だが、現実は厳しい。上目遣いでキッとにらまれ、大声で文句を言われた。

〝めちゃくちゃ怖い……〟

1日、1週間、1カ月と、耐えに耐えるばかりで、ついには、苦しくなった。〝どうして、言うことを聞いてくれないの！　イライラするなぁ〟

でも、そんなふうに思ってしまう自分が何よりも嫌いだった。

就職して1年がたった頃、〝もう逃げたい〟と思った。愛は、短大時代に自分を創価学会に導いてくれた友人に電話をしていた。話をじっくり聞いた友人は、御書《ごしょ》の一節を教えてくれた。

「『阿仏房《あぶつぼう》さながら宝塔《ほうとう》・宝塔さながら阿仏房』（御書1304ページ）ってあるんだよ。この仏法では、生まれや能力、障がいのあるなしにかかわらず、一人の人間を最高に尊い存在と見るの。愛も私も、施設の利用者の方も、一人一人がかけがえのない存在なのよ」

〝華陽姉妹〟と語り合うのは、愛さん（中央）にとって幸せな時間。
「悩みながらも負けないみんなに、いつも勇気をもらっています」

「私が尊い存在？」――ピンとこなかった。〝だって、私に良いところなんてないよ〟。自分に全く自信がなかった。

御本尊《ごほんぞん》の前に座った。題目《だいもく》を唱えると、頭に浮かんできたのは、愛を信じてくれる友人や同志、女子部を娘のように励ましてくれる池田先生だった。〝私も、誰かの心に寄り添える人になれるのかな……。いや、なりたい！〟

次の日も、利用者に怒鳴られた。でも、愛は笑顔をなくさなかった。「ありがとうございます」と、感謝の言葉も言えた。

それからは題目を唱えるごとに、利用者の怒った顔や頑固なこだわりも、いとおしく思えるようになった。利用者と過ごす日々が、〝何か〟を教えてくれている気がしてきた。

13年、4人のスタッフをまとめるユニットリーダーになった。

〝私に、まとめ役なんて絶対無理……〟。そうした頃、101歳の婦人と出会った。

入居時は元気だったが、次第に愚痴ばかり言うように。家族が訪ねてきても、「何しに来たのよ」と心ない言葉を浴びせた。

それでも、一人になると、後悔のため息をつきながら、つぶやく。

「なんで、こんなに長生きしてしまったんだろう。早く死にたい」

多忙を極めていた愛だが、5分でも時間ができれば、顔を出した。隣にちょこんと座り、話を聞いた。来る日も来る日も……。すると、野菜作りが好きなことが分かった。〝何かできるのでは〟と、ユニット内のスタッフとも、とことん話し合った。

そして、施設内の共同スペースで、ミニトマトやカブなどを栽培することが決まった。

ミニトマトの葉が茂り、実が大きくなるにつれ、婦人にも笑顔が戻った。さらに、収穫した野菜で、周囲に料理を振る舞うまでに。すると、その周りに人の輪ができ、笑い声に包まれるようになった。さらに、家族と笑顔でだんらんする様子も見られた。

婦人は「今まで生きてきて、本当に良かった。愛ちゃんと出会えて、幸せ」と。

翌年、愛はこの交流の様子を、医療機関主催の看護学会で発表。「看護学会委員会賞」に選ばれた。

◆

「あっ、今日は晴れるんだ。お散歩、気持ち良さそうだな」

愛は、車の中でラジオをよく聞く。時事情報、特に天気予報は必須。ちょっとした話題が、利用者と関わるきっかけになるからだ。休日も、スタッフから相談を受けることがある。365日、利用者のことが頭から離れない。そんな日々に感謝し、自然と笑顔でいる自分に気付く。

「人って、自分一人じゃ輝かないんです。自分のことを知ってくれる〝誰か〟と一緒に心から笑うことで、輝いていくものだから。私は、その〝誰か〟であり続けたいなって。そのためにも、『今』という瞬間を最高に輝かせていきたい」

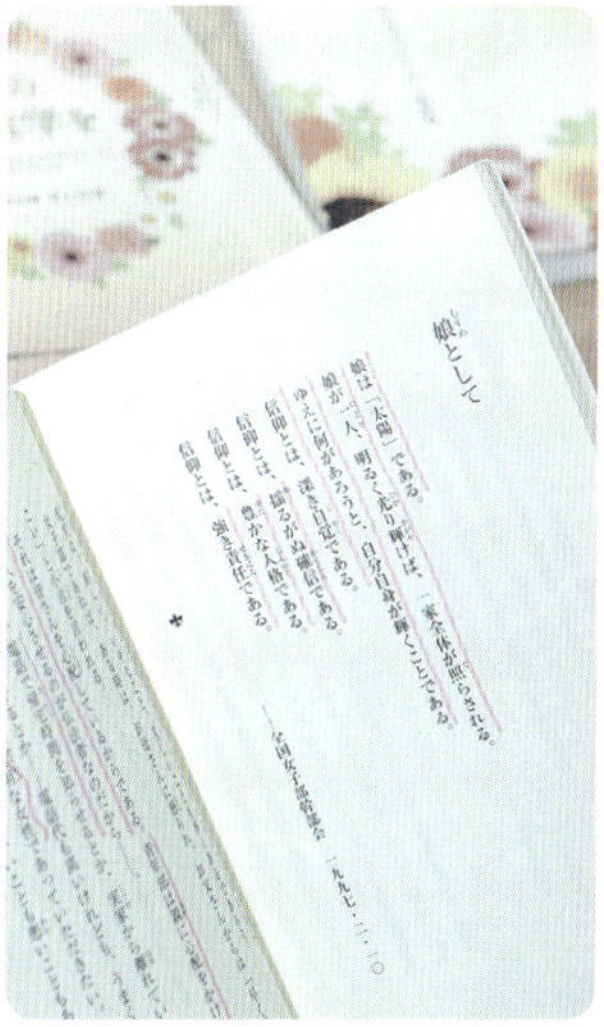

「池田先生が女子部に贈られた指針を読むと、〝愛娘《まなむすめ》〟を見守るような温かさが、伝わってくるんです」と愛さん

# 感謝の心は水平線のかなたまで

水平線から昇る金色の太陽。暗闇に浮かぶ真っ赤な月。夜空に尾を引く一筋の流れ星――。

ANA（全日本空輸）・ボーイング737機長の三浦貴弘は、いつもコックピットからの眺めに心奪われる。

〝最高だ！〟

◆

華やかに見えるパイロットだが、機長として大空へ飛び立つまでの〝人生の滑走路〟は、平坦ではなかった。

サッカー大好きの三浦は中学では東京都大会で優勝。高校時代はJリーグのユースチームにも所属。が、力の差を知り、プロを諦めた。挫折感から、勉強もせずに遊ぶ日々。心は満たされなかった。

「やりたいことを見つけて本気でやってみろ。おまえには無限の可能性があるんだ」

創価大学に入学後、後輩のことを何かと気に掛けてくれるアツい先輩に言われた。

1年の秋、図書館で何げなく一冊の本を手に取った。パイロットの本だった。コックピットから見る大空の写真に心が躍る。〝自分の操縦で眺めたい〟。先輩が言う可能性に懸けてみようと思った。

猛勉強の末、大学4年だった2002年（平成14年）、高倍率の難関を突破し、航空会社の自社養成パイロット試験に合格を果たす。訓練は4年間。整備や総務などの仕事を経験した後、飛行訓練がアメリカと日本で行われた。

OCCUPATION

## ANAの機長

NAME

## 三浦貴弘さん

PROFILE

みうら・たかひろ
1979年（昭和54年）生まれ。東京都武蔵野市在住。小学校から大学まで、創価一貫教育で学ぶ。航空会社に勤務しながら創大大学院へ。超小型人工衛星「Negai☆″」の打ち上げに携わる。2011年（平成23年）、修士課程修了。12年に機長昇格。国内線、国際線（中国、東南アジア路線）を担う。

2016年1月1日
聖教新聞掲載

何度も課される審査では、同じ審査に2回つまずくと、パイロットへの道は閉ざされる。三浦は「3倍努力」を掲げ、コックピットの写真を前に、イメージフライトを毎晩、寮で重ねた。地上でできることは、全てやってから飛ぶ。わずかな不安も残すことはできない。自分を信じ切れるまで続け、気付けば午前2時、3時になっていた。

06年、ついに副操縦士に。同時に〝早く機長に〟との思いが強まる。機長になれば、風速など、操縦が許される環境が大幅に広がるからだ。

5年後、待望の機長昇格訓練に挑む。悪条件でも安全に運航を終える技量と見識、さらにチームをまとめる人間性も重要視される。故障や悪天候。過酷な場面を想定したシミュレーションを繰り返す。神経を擦《す》り減らす三浦を支えたのは、母校への思いだった。

〝同じ道を志す後輩に、可能性を示す模範でありたい〟

その心には、キャンパスで学生に呼び掛ける創立者・池田先生の姿があった。

〈この中から、ノーベル賞に輝くような優秀な学者も、世界的な指導者も登場するに違いない。皆が社会の使命の分野で、素晴らしい人生を飾れるよう祈っています〉

――大学4年時、三浦から、就職内定の報告を聞いた創立者は、「本当におめでとう。貴弘君と機中で会えることを楽しみにしています」と伝え、「學《がく》ハ栄光ノ道ナリ」と揮毫《きごう》し贈った――。

フライト1時間前には空港内の事務所で気象情報等を確認。クルーとの打ち合わせに臨む

〝信じてくださっている先生に応えたい〟。そう思うたび、負けじ魂が燃えた。訓練センターを出るのは、いつも最後だった。

◆

12年、32歳で念願の機長昇格を果たす。

以来、三浦は誓《ちか》う。「全副操縦士、全クルー、全スタッフ、全乗客から信頼される機長になる」と。

副操縦士になってから、いつでも機長の代わりを務める覚悟ではいた。いざ機長席に座り、あらためて感じたこと。それは、「操縦できる喜び」とともに、「自分の腕に命を預かる責任の重さ」だった。

初フライトの出発時には、何度も何度も計器を確認した。一回として同じフライトはない。緊張する分、充実感もある。

だからこそ感謝の気持ちがあふれてくる。仲の良い整備士が、いつも言う。

「おまえ一人で飛ばしているんじゃないぞ。勘違いするなよ」

魂を込めて整備した機体を、機長に託す技術者たちの思い――。声を掛けられるたびに、三浦の胸は熱くなる。

〝命を預かる責任感は、皆、同じだ〟

クルーも整備士も、貨物や清掃担当のスタッフも、営業や旅客担当者も。皆が誇りと責任を持って働いている。その心を一身に背負って、三浦は操縦かんを握る。

だから三浦は、作業中のクルーやスタッフと顔を合わせれば、必ず「ありがとうございます」と気持ちを伝える。

ある日、顔見知りの清掃員から言われた。「〝機長さんから感謝された〟って、皆、喜んでいたよ。『ありがとう』って言い続ける機長さんでいてね」

◆

フライト前に行う機体の外部点検。三浦は、そっとエンジンを触る。その手の先に、全てのスタッフたちの思いを感じ、感謝を込める。

「今日もよろしく」

ボーイング737が、大空へ飛び立つ。クルーやスタッフの思いを乗せて

COLUMN

2

WHAT IS SOKA?

創価学会ってどんなところ？

# 「祈りを叶える」とは、強い自分になること。

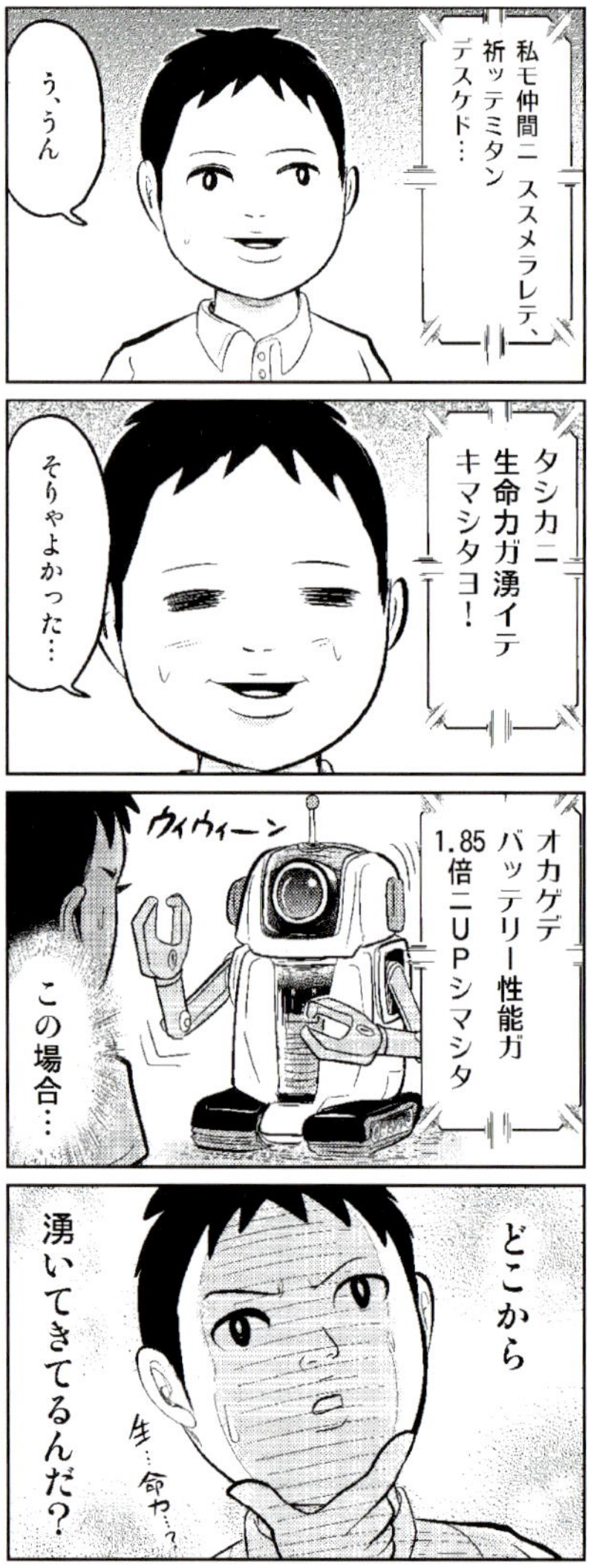


## Q どうして祈りが叶うの？

「祈りが叶う」という意味を、わかりやすく言えば、「どんな祈りも、叶えていける強い自分になれる」ということなんだよ。

祈りというと、どうしても、弱々しく、漠然《ばくぜん》と誰かにお願いするような「おすがり信仰」をイメージしがちなんだけど、学会の祈りは全く違う。

〝必ずこうするんだ！〟という「誓《ちか》い」であり、目標を達成するために努力し抜こうとする「宣言」といってもいいかもしれない。

目標を明確にし、真剣に祈ることで、具体的に挑戦する勇気も、困難を乗り越える智慧《ちえ》も、何ものにも負けない生命力も湧いてくる。必然的に行動や努力の質も上がる。自分が変われば周囲も変えていける。

「なぜ祈りが叶うのか？」と、考えたり学んだりすることも大事だけれど、まずは実際に御本尊《ごほんぞん》に向かって祈ってみることだよ。他人じゃない、自分の中から生命力があふれてくることを実感できるはずだ。そして、現実に祈りが叶うという「結果」が出るかどうか——それが一番大事なことじゃないかな。

私たちの仏法は、何より現実の結果を重んじるんだ。創価学会の機関紙「聖教新聞」には、日本はもちろん世界192カ国・地域の学会員たちが夢や目標を実現したストーリー、病を克服《こくふく》したエピソードなどの体験談が、毎日、掲載されているよ。ある意味で、それ自体が正しさの証明といえる。国籍も言語も文化も違う。悩みも課題も千差万別。でも「南無妙法蓮華経《なんみょうほうれんげきょう》」の題目《だいもく》をあげ抜いて、みんなが祈りを叶えている。その一人一人に共通しているのは、人間としても大きく成長し、「どんな祈りも、叶えていける強い自分」になっているということなんだよ。

COLUMN

3

WHAT IS SOKA?

創価学会ってどんなところ？

# 宗教とは、充実した生き方をする哲学。

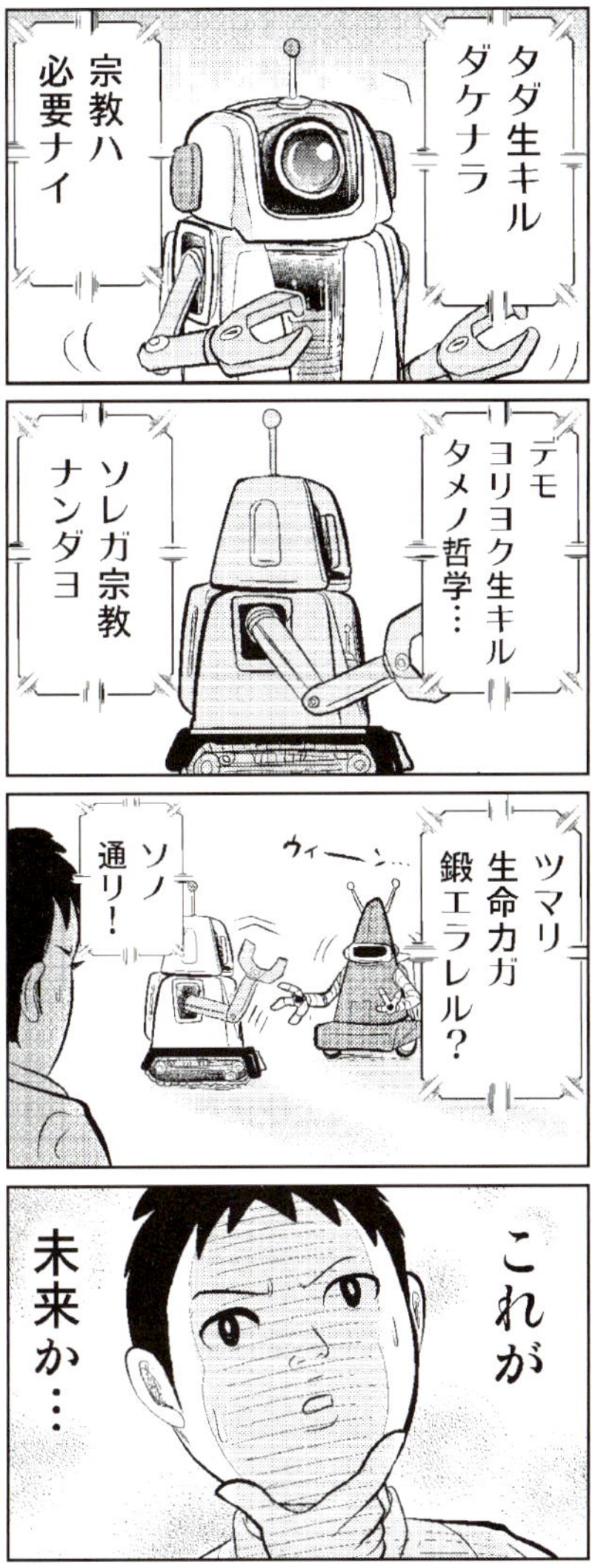


## Q 宗教は、弱い人間がやるものでは？

**弱い人がやるというイメージは間違いだよ。日蓮大聖人《にちれんだいしょうにん》はこの信仰を剣にたとえられ、〝法華経《ほけきょう》という剣は、信心《しんじん》の強い、勇気ある人が用いてこそ役に立つのであり、これこそ「鬼に金棒《かなぼう》」なのである〟と言われているんだ。もともと素手でも強い鬼が金棒を持ったら、もっと強くなるよね。自分をさらに鍛え上げられるのが、この信仰なんだよ。**

たしかに、人間は「宗教」がなくても生きていける。でもそれは、そのまま「宗教は必要ない」ということでもないと思うんだ。大事なことは「どうすればより幸せになれるか」「自分の力を最大に発揮できるか」ということじゃないかな。

実はそこに、宗教の必要性もあるんだよ。

ひとくちに宗教といっても、千差万別だ。でも日本人の多くが、宗教は、閉ざされた世界に誘い込む「危険なもの」「金儲けの手段」みたいなイメージを持っているんじゃないだろうか。

残念だけど、そんな宗教が存在するのも事実だ。いや、本来の宗教の目的からいえば、そうしたものは宗教の名を借りた〝詐欺《さぎ》〟だと思う。

でも僕らの信仰は違う。人間として最も充実した生き方をするための哲学がある。より良く生きるための「生命の力」を、無限に引き出してくれる祈りがある。「人間を自立させるための宗教」であり、「人間を賢《かしこ》く強くするための宗教」なんだ。「生命を鍛える方法」といってもいいかもしれない。

**勉強すれば「頭」が鍛えられるだろう。スポーツの分野でも勝とうと思ったら「体」を鍛えるだろう。**

**じゃあ「心」は？「生命力」は？ それをダイレクトに鍛え、根底から変えていくのが、信仰なんだよ。いわば〝心の筋トレ〟が僕たちの信仰なんだ。**

OCCUPATION

# 美容室の店長兼スタイリスト

NAME

## 青木亮子さん

PROFILE

あおき・りょうこ
東京都墨田区在住。高校卒業後、実家のある山梨県から上京。美容学校を経てサロンへ就職を果たす。現在は都内にある店舗で店長を務める傍ら、国内各地で美容師向けセミナーの講師を担当。業界雑誌で数多くヘアスタイルを手掛けるなど、幅広く活躍している。

2016年1月1日
聖教新聞掲載

# 仲間を思う気持ちが自分の花も開かせる

電話が鳴っている。5分後には予約のお客さまが来る。とはいえ、目の前のお客さまの仕上げは丁寧に。隣のお客さまは、カラー剤の反応がまだ。そのまた隣のお客さまのパーマは？

様子を見に行かなきゃだけど、何度も行ってはバタバタして失礼か？　そして、電話が鳴っている――。

2秒間に思考が嵐のように舞う。青木亮子の脳内は、朝から晩までその調子だった。

2013年（平成25年）夏、サロンの店長に抜てきされた。スタイリストであると同時に、売り上げをはじめ店の全てに責任をもつ。客足は絶えないが、水も飲めないほど忙しくなった。

スタッフの技術やサービスはしっかりしている。その上でベストを追求したい。だが、後輩に何か指摘しても、返事はほぼ決まっている。

「でも、私なりに」

「だって、時間が」

〝でも〟と〝だって〟に「そうじゃないでしょ」と反撃する。「分かった？」と聞く亮子。不満げな表情で「……分かりました」と言う後輩。

心の中でため息をつく。

〝……いや、それ、分かってないじゃん〟

創価学会の女子部の先輩に愚痴をこぼした。細かな事情は

• TURNING POINT •

話せない。だが、その先輩も華冠《かかん》グループ（美容関係に携わる女子部の集い）のメンバー。察するものがあるのだろう。「大丈夫。人材育成はどこの世界も大変だけど、自分が一番成長させてもらえるよ。祈っていこう」

　その言葉に励まされ、亮子は以前にも増して、真剣に題目《だいもく》を唱えていった。

◆

　唱題《しょうだい》には、サロンに就職した04年から取り組むようになった。店の中で自分だけが知っている、「信心《しんじん》の可能性」に懸けたいと思ったからだ。

　アシスタントは、何十もある実技テストを一つ一つクリアして、スタイリストに昇格できる。だが、亮子のテストの進み具合は、いつもビリ。どのテストでも〝ギリギリ合格〟の最下位だった。

　入社から6年、同期から1年半遅れでやっとスタイリストに。だが、今度は売り上げが最下位。自分がみじめで、人が見ていない所で泣いた。

　泣いては祈り、努力する。さらに3年を経て店長になった。誰一人、亮子が店長になると思っていない中での登用。〝逆転劇〟だが、自信がないという点では、亮子の思いは変わっていなかった。〝店長としてしっかりしたい〟と、そればかり祈った。

　女子部の先輩と話をしてから、しばらくしたある日のこと。カラーリングを行うアシスタントの様子が目に留まった。良い出来栄えだが、より上を求めるからこそ、指摘したい点も見えてくる。

〝もう少し手早く、周りにも目を向けてほしい〟

　カラーを終えたアシスタントを追いかけ、亮子もバックルームへ消える。呼び止め、指摘をしようと口を開いた。

「大変だったよね、ありがとう」

〝!?〟

　後輩も、注意されると感じていたのだろう。目を見開いてこちらを見ている。

　亮子自身も驚いていた。

〝私、なんでこんなこと言ったんだろう〟

　夕方、忙しさが続く中、バックルームで道具を洗うアシスタントと鉢合わせした。

「亮さんが、ああ言ってくれたから、気持ちを切らさず頑張れました。ありがとうございました」

　注意しようと思って、「ありがとう」と言った――理由は亮子にも、すぐには分からなかった。だがその日を境に、亮子の中で何かが確実に変わった。少しずつ、その正体が分かってきた。

　まず祈る内容が変わった。〝しっかりした店長に〟から〝後輩たちは、どんな思いで働いているのだろう〟と。

「店長目線で〝店のためにこうしてよ〟では、こちらの理屈の押し付けになる。自分本位だったんです。それが唱題すると、皆の努力とか夢とかを後輩の目線で感じられて、役に立ちたいと心から思えるようになったんです」

　池田先生は語る。

「先輩として、友として、ありのままに話していくのだ。その人をよく知り、幸福を真剣に祈る中で、智慧《ちえ》と慈悲《じひ》が湧く。最高の励ましを送っていける」

　最高の励まし――その在り方を、亮子は、小説『人間革命』や『新・人間革命』に学んだ。温かく包み込む慈愛の言葉や、相手を思う厳愛《げんあい》の指摘。その全てに感動した。〝後輩のため〟との思いを根底に置くと、優しい言葉も厳しい言葉も、亮子なりに言えるようになった。

　経営や人材育成を担いながら、店長として2年半が過ぎた。売り上げは、複数店舗あるサロン内で、トップを維持。支えてくれているのは、スタッフの力だ。

　ある時、全店舗の若手社員で「美容師を頑張る理由」を語るミーティングがあった。「実家の家計を助けたい」「事故にあった友達を励ましたい」と続く中、あるスタッフが言った。「うちの店は店長が自分を犠牲にするくらい尽くしてくれるから、私も店長を助けたいと思う」。こう述べたのは、亮子の店のスタッフだった。

　亮子個人も、各地で美容師向け講習会の講師を務め、雑誌で表紙のヘアスタイルも手掛けるなど活躍する。昔から耐えることが多かったからこそ、こう言えるのだろう。

「何をしてもダメだった私が店長をやれている。皆に感謝しています。店長の経験がなければ、美容師としての今の自分もありませんでした」

TURNING POINT

No 07

OCCUPATION

# 隻《せき》腕《わん》の柔術家

NAME

洌崎 晃宏 さん

PROFILE

すざき・あきひろ
1984年（昭和59年）生まれ、88年入会。3歳で右腕を失う。中学から大学まで柔道部に所属し、黒帯3段。現在、空調設備会社で設計の仕事に従事する傍ら、3年前から始めたブラジリアン柔術の道場で汗を流す。香川県出身。東京都小金井市在住。

2014年12月14日
聖教新聞掲載

## “できない”を制す！

観客の視線を、一身に集める男がいた。昨年7月のブラジリアン柔術・ノービスオープントーナメント（アダルト白帯・ルースター級〈最軽量級〉）。決勝まで勝ち上がった青い道着の洌崎晃宏には、右腕がない。息をのむ寝技の攻防戦。腕ひしぎ十字固めが決まった瞬間、万雷の拍手が彼を包んだ。片腕というハンディをものともしない彼の強さ。それは一体、どこからくるのか――。

◆

あれは、3歳のころだった。実家の屋根《やね》瓦《がわら》製造工場で遊ぶ僕に、突然、悪夢が襲った。ベルトコンベヤーに右腕が巻き込まれ、肘《ひじ》から下がねじ切れてしまったのだ。

当時のことは、あまり記憶にない。唯一覚えているのは、手術室の外で、オカン〈佳栄子さん＝香川県在住、支部副婦人部長（地区婦人部長兼任）〉が泣き叫んでいたこと。それと、手術台に横たわったときの恐怖。

手術は成功し、腕はつながった。でも1週間後、右腕が真っ白になった。血が通わなくなったらしい。切断は避けられなかった。気付けば、僕は病院のベッドの上に。右腕は、肩から10㌢弱しか残っていなかった。

ショックから、オカンは激やせした。オトン（正義さん＝副支部長（地区部長兼任））からも笑顔が消えた。仕事が手に付かないオトンを見かねて、叔母が信心《しんじん》の話をした。

オトンが入会して4カ月後、家族全員が信心を始めた。祈ってすぐ、化膿してふさがらなかった僕の傷口が治った。それからというもの、両親の唱題《しょうだい》の声が聞こえない日はなかった。

◆

「みぎてがほしい」。幼稚園のとき、七夕《たなばた》の短冊にそう書いた。これを見た両親の気持ちを今考えると、やりきれない気持ちでいっぱいになる。

やんちゃだった僕は、よくけんかもした。「おまえなんて、手なし人間のくせに」。悔しかった。だから負けたくなかった。「おまえは何でもできるんだぞ」。いつもオトンが言ってくれた。僕は何にでも挑戦した。バスケも水泳も鉄棒も。負けん気だけは、人一倍強くなった。

中学から柔道部に入った。部長だった兄は、僕を特別扱いしなかった。「おまえも、みんなと同じ練習をやれ」。必死にやった。腕立て伏せも懸垂《けんすい》も。監督と自分のスタイルを研究し、技にもどんどん磨きをかけた。

高校では主将になった。ある試合で、100㌔超えの選手と当たり、背負い投げで一本勝ちした。会場がどよめいた。あの快感がたまらない。

個人戦も団体戦も、県でベスト4。最後に負けたときは、あまりの悔しさに声をあげて泣いた。あのときの涙が、僕をさらに強くしてくれた。

ブラジリアン柔術とは、柔道などの技術を改良してできた寝技主体の格闘技。勝負はポイント制の判定か、ギブアップで決着がつく。ハンディを感じさせない巧みな技術とスピードで、相手を翻弄する洌崎さん。さらなる高みを目指して、努力と鍛錬を重ねる日々だ

◆

神奈川県内の大学に進学した。初めての1人暮らし。自立することの大変さを思い知った。それと同時に、家族に対する感謝の思いが芽生えてきた。直接、言葉で言うのは照れくさい。だからせめて、母の日にはプレゼントを贈ることにしている。親から電話がかかってくる。いつも素っ気ない返事しかできないけど、心の中は感謝の気持ちでいっぱいだ。

柔道は続けた。関東大会で1位になり、黒帯3段も取った。就活は特に力を入れた。オカンは障がい者雇用枠を探してくれた。ただ僕は、もっと成長した姿を見せたいと思い、自力で大手の空調設備会社に内定を取った。両親の喜ぶ声が、何よりうれしかった。

◆

僕には、ずっと疑問があった。〝信心とは何か？〟ということ。「祈れば何でも叶う」と親は言う。「でも、右手は生えてこないやないか」。いつも反発ばかりする僕だった。

最近、これまでを振り返って思うことがある。僕は確かに、右腕を失った。でも、それを悲観したことは一度もない。常に負けじ魂を燃やして、何にでも挑戦してきた。何不自由なく大学まで卒業し、大手の会社に就職もできた。そして、周りの環境や人に恵まれ、その恩を感じることができた。

僕は気付いた。この人生そのものが、両親が祈り続け、僕自身も願ってきた〝実証《じっしょう》のカタチ〟なんだ、と。そしてこの人生を、さらに価値あるものに輝かせていくのが信心なんだ、と。

今年の10月、僕は学会の会合で体験発表した。終了後、筋ジストロフィーの学生と出会った。筋力が弱まる進行性の病気。怖くて一人で外に出られないという彼に、僕は真剣に伝えた。

「〝できない〟という思い込みはもったいない。できるかできないか分からないなら、まず挑戦してみよう。〝できない〟という心の壁を乗り越えよう」

彼は「励みになりました」と前を向いてくれた。

僕の頑張る姿に触れて、少しでも希望を感じてくれる人がいる。僕が腕を失った意味は、ここにあったんだ！ その瞬間、歓喜が込み上げた。これ以上の幸せはない。そう思えたこと自体が、信心の最高の功徳《くどく》なんだろう。

だから僕は、努力と挑戦をやめない。この〝個性〟を生かして、自分にしかできない〝使命〟を果たしていく。それが、僕の生きる道だと信じて。

男子部の仲間と力強く前進する洌崎さん（左端）

# 真剣だから 失敗も 笑いになる

♪ほんわかぱっぱ　ほんわか
ほんわか　ほんわか　ほんわか
ほん〜♪

このオープニング曲が流れると、心がほっこりした気持ちになる。

関西では誰もが知っている「吉本新喜劇」。毎週土曜日の昼、テレビ番組「よしもと新喜劇」として、放送もされる。1時間枠で何と半世紀以上も続く長寿番組だ。

学校から帰れば、子どもたちはお昼を食べながらテレビの前へ。親から子へ、子から孫へと受け継がれる生活習慣。もはや文化!?

この笑いあり、人情ありの大阪らしい"コテコテ"のコメディーに、鮫島幸恵は、旅館の娘役などで出演。明るく、元気いっぱいの姿を、お茶の間に届けている。

◆

本当は女優を目指していた。高校時代、100通以上の履歴書を芸能事務所に出したが、全て不合格だった。大学進学後も、夢を捨てきれず、卒業後は実家に戻り、アルバイト生活。

諦めたくなかった。中学から大学まで、創価の学舎に学んだ幸恵だ。創立者の池田先生は、幸恵たちへ、こう語った。

「皆さん方の成長こそ、私の最も深い祈りです。皆さん方の勝利こそ、私の最も大きな喜びです。私と皆さんは、一体不二《いったいふに》です。この一生を、朗らかに勝利、勝利で飾りゆけ!」

"何としても道を開くんだ"。御本尊《ごほんぞん》に真剣に祈り続け、数カ月が過ぎたころ。久しぶり

TURNING POINT

No 08

OCCUPATION

## 吉本新喜劇座員

NAME

## 鮫島 幸恵 さん

PROFILE

さめじま・ゆきえ
大阪府高槻市在住。吉本新喜劇のオーディション「金の卵6個目」に合格。座員として、新喜劇の舞台に立つ。

2015年1月31日
聖教新聞掲載

に、家族と一緒にテレビ番組「よしもと新喜劇」を見た。

新喜劇には「定番のネタ」がある。辻本茂雄の「ローテーショントーク」。未知やすえの「キレ芸」。最近では、すっちーと吉田裕の「ドリルネタ」が、小学生の間でも大人気だ。こうしたネタが、幸恵も幼いころから大好きだった。

声を出して笑った。

腹を抱えて笑った。

笑うだけ笑ったら、元気になった。

子どものころ、新喜劇のテレビを楽しみにしていた、あの気持ちを思い出す。〝小学生の時、「将来の夢」で「新喜劇の女優」って書いてたなあ〟

舞台の放送が終わり、あとはエンディングテロップだけだと思っていた幸恵の目が、再び画面にくぎ付けになった。番組の最後に、座員募集の広告が流れた。人を元気にできる仕事——吉本新喜劇への憧れの思いがよみがえった。

父・裕幸さん(56)=副支部長(地区部長兼任)、母・梨花さん(56)=婦人部副本部長=に相談すると、背中を押してくれた。〝これで最後の履歴書にする!〟。

今まで以上に真剣に祈り、オーディション当日を迎えた。特技や芝居など、全ての審査で、自分の力を出し切ることができた。

迎えた発表の日。合格通知書が自宅に届いた。2012年(平成24年)10月、幸恵は、吉本新喜劇の座員になった。

◆

舞台を経験してきて、今、実感するのは、お笑いの難しさ。

昨年11月の吉本新喜劇では、盆で相手の頭をたたくボケに挑戦した。

「人の頭を、お盆でたたいたことありますか?」

角度によっては、鈍い音がして、単に痛いだけ。遠慮してたたくと、客はしらけてしまう。

信頼する〝華陽姉妹〟の友と(前列中央が鮫島さん)

「結構、難しいんですよ。お盆で人の頭たたいて、いい音を鳴らすのって」

いい音で、初めて笑いを誘うことができる。

どのような腕の振り、盆の持ち方が、一番いい音が出るか。

「誰も見てない所で、お盆を片手に〝素振り〟もしました。端から見たら若い女の子が……怪しすぎますよね(笑い)」

舞台では、2枚に重ねた盆の1枚が、手から離れて飛んでいってしまった。いわば失敗。しかし、そのハプニングで、逆に場内は爆笑。

「お笑いって、『正解』がないんだなって思います。考えて考えて、全力でやって、失敗したのに大爆笑ですよ!? でも、棚からぼた餅ってことはないと思うんです。真剣にやったからこそ、失敗だって笑いになるんじゃないかって」

女優を目指して、「新喜劇女優」を目指す今の道。最初から予想していたわけじゃない。その〝化学変化〟も、真剣に生きてきたからこそ。舞台で感じたことは、笑いと人生、両方に通じていると幸恵は思う。

◆

笑いへの真摯《しんし》な姿勢は、客の心にも伝わっている。

昨年8月、吉本新喜劇55周年特集のテレビ番組で、「新喜劇マドンナ選挙」が行われたが、立候補者5人中、2位に入った。

ただし——。喜び以上に、痛感したこともある。それは、新喜劇の座員として、〝これは!〟という強みが、今は何もない、ということだ。

「もっと自分を鍛えて、苦労する中で、その強みを見いだしたい。お笑いの裏に涙あり……って、まだまだ何の苦労も知らない駆け出しの自分が、ちょっと生意気ですよね」

今、ファンレターも届くようになった。

「『さめやん(鮫島さん)は、まだまだ勉強が足りん!』って書いてありました。ホンマ、笑いに貪欲です、新喜劇ファンの人って……」

笑いに厳しいこの人たちに、もまれながら、幸恵は芸を磨き、心を磨く。

家族は最大のファン(左から父方の祖父母の和典さんとカズさん、鮫島さん、兄・健さん、母・梨花さん、母方の祖母の佐野弘子さん、父・裕幸さん)

TURNING POINT
No 09

OCCUPATION

漁師

NAME

中西俊介さん

PROFILE

なかにし・しゅんすけ
1981年(昭和56年)生まれ、2005年(平成17年)入会。福井県・若狭町在住。定置網漁に従事し、組合の販売主任を務める。素潜り漁も精力的に行いながら、父・優さんの代からの民宿「ひこだい」を引き継ぎ、奮闘する。

2014年5月31日
聖教新聞掲載

# 負けてたまるか！ まだまだやれる！

かもめの鳴く声が、朝を告げる。背後にそびえる山。眼前に広がる海。午前5時、中西俊介は船に乗り組んだ。福井県は若狭湾に突き出た、常神《つねがみ》半島の先端。仲間の漁師らと力を合わせ「大敷《おおしき》定置網」を引きに沖へ出る。今春、漁師となって10年目のシーズンだ――。

祖父も父も漁師だった。観光客を相手とする民宿も盛況。常連客やアルバイトの学生に囲まれて育った。海水浴シーズンは、湾内の島で、真っ黒に日焼けするまで遊んだ。

だが、漁師になりたかったのかといえば、「全く考えていなかった」。大阪の大学に学び、就職活動をしていた2004年(平成16年)秋、一本の電話を受ける。

「お父さんが……」という母の声。末期がんだと知らされた。帰郷し、父を見舞う。ベッドに横たわる姿にふれ、初めて実感が湧いた。

当時23歳。"自分に何ができるか"と考えた。医師ですら、手をこまねく現実に。

「漁師、継いだ方がええか?」

と尋ねた。

それまで、中西のやりたいようにと、注文の一つも付けたことのない父が、「(漁師も民宿も)畳むわけにはいかんからな……」と。短い言葉に、感謝がにじんでいた。

◆

揚がったハマチなどを素早く水氷に入れ、港へ戻る。その間、数十分。中西は考えを巡らす。定置網組合の販売主任として、敦賀、舞鶴、小浜など、その日の出荷先となる市場を決めるからだ。漁師全員の奮闘に、どれだけの値をつけられるか。連日の値動きを考慮しながら、判断を下す——。

05年3月から、大敷網の一員となった。陸地では網の準備。4月に漁が始まれば、魚を保冷する水氷の準備。網の扱いは「なっちゃいなかった」が、一生懸命引き続けた。

父はかつて、この大敷網で船長を務めた。その時代が、一番の水揚げ量を誇ったという。

父のためにと始めた、もう一つのこと。それが、05年の元日に入会した、創価学会の信仰だ。

海に挑み、己の限界に挑む——
定置網漁の後は、休む間もなく素潜り漁へ

父の看病をする中、知人の先輩が、学会の男子部であることを知った。

先輩は、心をこめて、話してくれた。

「必ず、お父さんの病気をよくしていけるお題目《だいもく》だ」

「成長していく姿で、お父さんに喜んでもらおう! 俊介君自身も、大きく変われるチャンスだよ」

先輩の言うとおりだった。

"父のためになるなら"と、一心に唱えた題目。学会の地区の同志も、皆で回復を祈ってくれた。会合のたび、中心者は必ずといっていいほど、呼び掛けてくれた。

「俊介君のお父ちゃんの勝利を祈ろう」

春には、医師から「余命3カ月」と告げられた父。が、1年以上、命を延ばし、息を引き取った。

翌日、"中西君を励ましたい"と、男子部の仲間が、雪の積もる海岸沿いを車で訪ねてきてくれた。中西は、男子部の仲間に言った。

「皆さんの祈りのおかげで、父を最高の形で見送ることができた。これで良かった」

◆

出荷を見届け、午前9時。中西の漁は終わらない。ウエットスーツに身を包む。素潜り漁を行うためだ。父はやっていなかった素潜り漁。ウニ、アワビ、サザエ、厳寒の冬も水深10㍍以上潜ってナマコを採る。大敷網に加え、1年中行っている——。

"こんなに採れないものなのか……"

敗北感と挫折感。自分を否定されている気がした。父が亡くなって数年後、初めて素潜り漁に出たときのこと。経験のある同世代の漁師の桶には、ウニやサザエがあふれていた。同じ場所なのに、中西の桶は「すっからかん(笑い)」。

余りのショックに、1年間は鮮魚輸送のアルバイトに精を出した。だが、祈るほど、素潜りに挑みたいとの気持ちが湧いてくる。

"負けっ放しでは、いられない!"

再び潜った。やはり採れない。また潜る。その繰り返し。

「へこんでは題目、嫌になりそうになったら題目。そうすると、切り替えられる。スイッチが入る。気持ちの波に負けんようになるんですわ」

無数の空振りの果てに、安定して岩の裏にウニを見つけられるようになった。

毎日が自分との戦いだ。夏場の水深3㍍ですら潜れず、「横にスライド」する日もあれば、冬場の15㍍に難なくたどり着く日もある。しかし、収穫量にかかわらず、納得するまで潜るのをやめない。

「信心《しんじん》と同じ。素潜りは、やればやった分だけ返ってくる。己の弱さに負けず、海に挑みきって成長した自分が」

◆

夕刻、岸壁で先輩漁師から声を掛けられる。

「一杯やらんか」

全部で数十軒ある世帯は、皆、家族みたいなものだ。

世間話から漁のやり方まで、歓談に花が咲く。

「お前の採ったウニ(の品質)は、間違いないなあ」

「将来が楽しみだ」

そうした言葉の一つ一つが、何よりの喜びだ。

「子どものころと違うのは、創価学会に入ったいうことですけど、だからこそ、学会の看板を背負う気概で、池田先生の言われる『誠実』を大事に、この港の発展に尽くしたいんですわ。おれは死ぬまで漁師ですから」

中西に、満面の笑みがはじけた——。

母・宮子さん(右)=婦人部員=と民宿を営む。数十年来の常連客、近県から臨海学校で訪れる生徒らへ、真心こめたもてなしに徹する

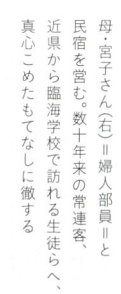

No 10

OCCUPATION

# フォトグラファー

NAME

## 竹原 美穂 さん

PROFILE

たけはら・みほ
北海道旭川市在住。創価大学卒業後、都内の写真スタジオ勤務を経て、旭川へ帰郷。実家の「Takemiフォトスタジオ」で写真撮影をはじめ、着付けも担う。昨年は、店舗を増改築して日本庭園風のロケ撮影を可能にするなど、新たな試みでサービスを充実。

2016年11月12日
聖教新聞掲載

# 背伸びせず 自分を完全燃焼 させていく

カメラを持つ前、竹原美穂は舞台役者を目指していた。

創価大学を卒業後、都内にある遊園地でショーの裏方として働きながら、オーディションを受ける日々。転機は2009年(平成21年)、母・久美子さん(54)=支部副婦人部長=から入った一本の電話だった。

「お父さんが過労で倒れたの」。父・久雄さん(67)=地区幹事=は、51歳で写真館を開いた努力家だ。美穂は父を助けたい一心で、大手スタジオで撮影技術を学び、2年後、故郷の北海道・旭川に戻る。

喜んでくれると思った。だが父は、写真にはとことんこだわる職人。「光の当て方が違う」「シャッターチャンスを逃している!」と指摘の嵐。「私なりの考えがある」と言っても、親子げんかがエスカレートするだけだった。

〝覚悟して旭川に戻ってきたのに、私の使命は、本当にここにあるのかな?〟

全国展開する大手スタジオとの競合で、店の客は年々減った。

〝何とかしなきゃ〟と思っても、気持ちばかりが焦ってしまう。そんな日は、創価学会の会合へ行っても、女子部の仲間と目を合わせられなかった。

〝みんなの中には、職場の人間関係に悩みながら頑張っている人もいるのに……〟

〝店を助けたいのに、私は何も行動を起こせていない……〟

周りの皆が、きらきらと輝い

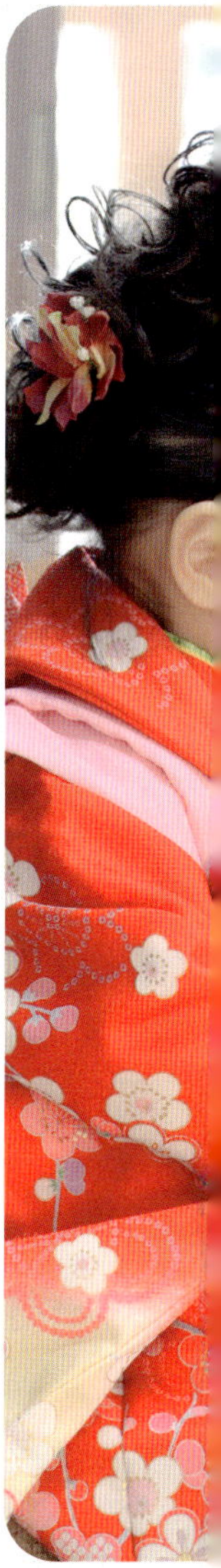

て見えた。対する自分が情けなくて、その姿を見られたくなかった。だが、下ばかり向いて〝話し掛けないでオーラ〟を出す美穂を、女子部の先輩は見逃さない。会合の後、「きょう、何かあった？」と電話をかけてきてくれた。

「仕事も家族との関係も、思い通りにいかなくて」

涙で声を詰まらせる美穂に、先輩は語ってくれた。「一生懸命になりすぎないで。無理して自分を繕《つくろ》わなくていい。桜梅桃李《おうばいとうり》に、みんなが自分らしく輝ける信心なんだから」

先輩の言葉を聞いて、〝私のことを分かってくれている〟と思った。

東京にいた時も、オーディションの結果が出せずに落ち込んだ。〝大学の同期のみんなは、就職して結果を出しているのに〟と。故郷に戻っても、内面は変わっていなかった。

〝背伸びして、できなくて、自分を嫌いになっちゃう悪い癖。それを変えたい〟

そう決めて、勤行《ごんぎょう》・唱題《しょうだい》に励む。13年の秋のことだった。

年が明け、父にある提案をした。「ホームページをリニューアルしたらどうかな？　私、勉強してくるから」

専門学校に通い、パソコンの技術を学んだ。1年後の15年から自作のホームページが始動した。来店客数が3倍に増える。美穂が初めて残した、貢献の足跡だった。

さらに、定期的な出張撮影の仕事や、店舗の増改築を実現できた。「人と自分を比べて空回りすることがなくなりました」と語る美穂。この間、真剣な祈りとともに、池田先生の言葉を心に刻んだ。

「生命を完全燃焼させた思い出は、永遠に消えない」

ホームページをきっかけに、店を訪れた人の多くは、その後も通い続けてくれている。かつてスカスカだった手帳の日程は、仕事の予定で埋まるようになった。

1日に4件以上は仕事を入れない。「お客さまに満足してもらえるよう、心を通わす時間をつくりたいから」

生後100日の記念、七五三、入卒園、入学・卒業、成人式……。来店客から、「他の店で撮るより、娘に笑顔が生まれる」「息子とじっくり向き合ってくれるから、ここに来ちゃうの」と言われるようになった。

一度しかない節目にわが子を撮ってもらうなら、誰よりも心を尽くす人に撮ってもらいたい——そんな思いの親たちから聞かれる称賛の言葉は、美穂の実力と誠実さを物語っている。

「私を気に掛け、声を掛けてくれた仲間のおかげで今があります。恩返しの思いで、〝華陽姉妹〟のみんなに尽くしたい」と（中央が竹原さん）

【サイドストーリー】

年に1回、息子さんと家族写真を撮りに来る人がいた。一昨年、成人式をもって撮影も一区切り。10代後半になると、反抗期に入り笑顔は見られなくなったという。〝何とか笑顔を〟と思う美穂に、依頼主はこう言った。

「気遣ってくれてありがとう。でも大丈夫。機嫌がいい時も悪い時も含めて、それが、残すべき家族の思い出だから」

親の心を知り、自らの父に思いをはせた。

店は長らく、美容師の母がヘアメークと着付けをし、父が写真を撮るという二人三脚で歩んできた。50歳を過ぎての開業に加え、父は関節リウマチの痛みとも闘ってきた。同業者からは「すぐつぶれるだろう」との声も。しかし、そうはならなかった。

100キロ以上離れた札幌から足を運ぶ人、息子さんと家族写真を撮り続けた人、「多くの大切なお客さま」に支えられてきた。

普段は厳しい父。だが、美穂が新たな仕事を獲得した際には「やったね」。出張撮影に出掛ける前は、「自信をもつんだよ」と。美穂の本質を知り、励ましてくれた。温かな心があるからこそ、父の撮る写真もまた、人から愛されたのだと感じている。

店の名は「Ｔａｋｅｍｉ（竹美）フォトスタジオ」。父が、母の久美子さんと起こした店の心は、しっかりと美穂にも受け継がれている。

竹原さん（右）の奮闘について、父・久雄さんは、「よくやっていますよ。仕事も頑張り、学会活動でも人を励まして。僕なんかができないことをやっている」と。普段は口にしていなくとも、その努力を認めてくれている

COLUMN

4

WHAT IS SOKA?

創価学会ってどんなところ？

# 誰にでも〝何かを信じる心〟はあるはずだ。

## Q 宗教になんて興味ないし、面倒くさい。

若い人で、信仰に興味がある方がめずらしいよ。だけど、興味がない人でも、「初詣《はつもうで》に行ったり、クリスマスをお祝いしたり」というように、実際は宗教行事と関わって生きている。

みんな、宗教や信仰が自分には〝関係ないもの〟に思えるのは、今の日本の宗教が、「儀式」としての役割しか果たさなくなってしまったことに原因があるんじゃないかな。

本当は、誰にでも〝何かを信じる心〟はあるはず。たとえば、サッカー日本代表の試合で、逆転を信じて、手を合わせて、祈っている観衆の姿を見たことはない？ 雄大な自然を前におごそかな気持ちになったりするでしょ？ 本来「信仰」というのは、そんな人間としての自然な心の発露《はつろ》なんだ。

実は日常生活も「信じる」ことで成り立っているんだ。たとえば「これを食べても安全だ」と信じなければ食事もできないし、「青信号だから大丈夫」だと信じなければ道も渡れない。人間は、いつも何かを信じながら生活している。信仰といっても、生活から切り離された特別なことではなく、要は何を信じて生きるかということ。つまり、「生き方」そのものなんだよ。

東日本大震災の時に、多くの若い人たちは、ボランティアや募金活動に協力をした。現代は、お金や物質の豊かさだけでなく、もっと人間的に豊かな深い生き方を求めているように思える。

創価学会には、そんなより良い生き方を求め語り合う「場」がたくさんある。そして、多くの人が実生活の中で充実と幸福を感じている、生きた宗教なんだ。信仰や宗教に興味がないかもしれないけれど、より充実した生き方を求めている人には、必ず力になるものなんだ。

# • FACT •

• ファクト •

行動（act）は青春の特権だ。

挑もう。もがこう。突き抜けよう。

その一歩が歴史となり、

真実の道（fact）となるから。

FACT 1

# 「今までじゃない、これからだ！未来をくれた人がいた」

大岩《おおいわ》 卓央《たくえい》さん　37歳

愛知・名古屋市

大白蓮華　2015年5月号掲載

小学3年生だった時の、ある放課後。教室に一人残された僕は、担任の先生に、いきなり平手打ちされた。「あなたが嫌い。あなたが嫌い」と、何度も、何度も。

それ以来、学校に行けなくなった。誰にも相談できず、一人で苦しみ、ふさぎ込んだ。

## ■引きこもり生活

人に会いたくない。外に出たくない。部屋に引きこもり、テレビ、マンガ、ゲームをひたすら繰り返した。中学では、幼なじみがよく誘ってくれたおかげで学校に行けた。といっても、年に10日程度だけど。

中学を卒業して、釣具店でアルバイトを始めた。少しでも社会に適応しないと、"お先真っ暗"になるんじゃないかと思って働いてみたけど、ダメだった。副店長のいじめに遭ったのだ。ひどい言葉の暴力。邪魔者扱い。真夏の炎天下、ひたすら野外での作業を命じられたこともあった。

そのうち、人と接するだけで、汗と震えが止まらなくなった。僕は何をされるんだろう。こいつは何を企んでいるんだろう――誰も信じられなくなって、仕事をやめた。

再び部屋に引きこもり、昼夜逆転の生活を送った。家族に話し掛けられても、汗が止まらなくなった。対人恐怖症の症状は、どんどん、どんどん、強くなっていった。

何も考えず、ボーッとテレビを眺めていると、あるコメンテーターの言葉が耳に入ってきた。「結局、学歴がないとダメなんです」。そうか、僕が社会に出たところでムダなんだ。未来なんてないんだ。じゃあ、生きていたってしょうがないな。

それからは、"いつ死のう"ということばかり考えて、部屋に閉じこもった。

## ■この人だけは違う

その頃から、母が、いろいろな宗教のセミナーに行くようになった。原因は間違いなく、僕だ。知らない人が部屋にやってきて、集会に誘われたこともあった。当然、他人の言葉なんて信じられない。身近な人間すら信じられないのに、神だか仏だか知らないけど、何でそんなものを信じられるんだ。

さまざまな宗教を経験した母が、最後にすがるような思いで入会したのが、創価学会だった。夜中に部屋を出て、トイレに行く途中、母が必死に祈っている姿を見るようになった。小さな声だけど、どうやら泣いている。泣きながら、何かを唱えている。僕のために祈っているんだろうけど……人ごとのように、"頑張ってるなあ。祈ったって、意味がないのになあ"と、横目で見過ごしていた。

小学3年生からの引きこもり生活が、10年になろうとしていた。ある日、誰もいなくなった隙《すき》に、食料調達がてらに家中を物色した。母が祈っていた部屋に入ると、一冊の本が目に留まった。"暇つぶしに読んでみるか"と、何となく自分の部屋に持ち帰った。本のタイトルは『人生抄《しょう》』。読み進めていくうちに、不思議な感覚に包まれていった。

なんでこんなに心があったかくなるんだろう。なんでこんなに勇気が湧いてくるんだろう。もしかしたら、僕だって大丈夫なのかもしれない。生きてもいいのかもしれない。さっきまで、人生を諦め、いつ死のうかと考えていた自分。そんな僕に、「今までなんて、どうだっていいんだ。これからが大事なんだ」って、本気で語り掛けてくれるような言葉で溢れていた。

「人間なんて」と思っていた僕に、「この人だけは違う」と思う人ができた。それが、著者の「池田大作」という人だった。

## ■10年間の苦しみが抜けた

母に尋ねた。「ねえ、その題目《だいもく》って、すごいの?」。母はきっぱり、「あげてみたら分かるよ」。「ふ〜ん」と、興味のないフリをして、やり方を聞いた。家族が全員、出掛けた後、一人でこっそり題目を唱えてみた。心のもやもやがなくなって、スッキリした。

その後も続けた。家族と食事ができるようになった。兄と楽しく会話もでき、一人でコンビニエンスストアに行けるようになった。家族に内緒で唱題《しょうだい》していたけど、おそらくバレていた。それほど変化は歴然だった。

ある日、母から、「男子部のお兄さんに会ってみない?」と言われた。他人と話すことは、まだまだ不安だった。でも、学会の人がどんな人なのか、興味もあった。

会ってみた。おもしろくて、やさしい人たち。あれだけ苦しんでいた症状が全く出ない。むしろ、楽しく会話ができた。

数日後、母に連れられて会館へ。大勢の人前に行くのは、僕にとっては苦難そのものだった。会館に着いて、皆が見つめているモニターを眺めていると、初めてなのに懐《なつ》かしい人の姿が映った。

牙城会の区警備長として、会員厳護《げんご》の使命に燃える

# ”「人のせい」にする生き方から「人のおかげ」と感謝する人生に“

池田大作。僕に未来を与えてくれた人。その人が、あの『人生抄』と同じような言葉を、まるで僕一人に言っているように、スピーチしていた。

"これからだよ。今からだよ。幸せになるんだよ"——そう背中を押してくれた。苦しみが抜けたと思ったら、今まで味わったことのない気持ちになった。10年間、長かった。つらかった。でも、いいんだ。これからなんだ……。そして、人間は、感情が溢れてどうしようもなくなると、涙が出てしまう生き物なんだと、初めて知った。池田先生に惚《ほ》れて入会を決めた。20歳の冬の日だった。

池田先生がスピーチ等で紹介する本を、徹して読んできた大岩さん。「勉強してこなかったので、意味が分からない言葉ばかり。辞書を片手に読書にふけりました」

## ■自分と向き合え!

入会後、男子部の先輩に連れられて、活動に参加するようになった。活動者会や座談会に行くと、「よくきてくれたね〜」と、皆が声を掛けてくれた。部員回りにも同行し、少しずつ、対人恐怖症が克服《こくふく》されていった。

牙城会《がじょうかい》の大学校に入校して、折伏《しゃくぶく》にも挑戦した。最初は、"仏法の知識もないのに、やっていいのか"と思っていたけど、先輩から、「池田先生が折伏の闘士でね」と聞き、燃えた。

対話を重ねていくと、折伏相手が、自分の"鏡"であることに気がついた。人を恨む。自分に自信がない。人間関係に翻弄《ほんろう》される——友人の悩みや宿命《しゅくめい》は、まさに自分の弱い部分、変えたい部分だった。だからこそ、折伏することで、友人も幸せになり、自身も変革できる。折伏ってすごいと思った。

学会活動を重ねていたある日、支部総会で、男子部の出し物を披露することになった。大勢の前で何かすることには、まだ自信がなかったけど、一番お世話になった部長が、「よし、やろう」と。その心意気に、一緒に頑張ってみようと心を固めた。

当日。僕たちは、なぜかパンツ姿で参加者の前に立っていた。音楽に合わせてダンス。会場は大爆笑。皆、手をたたいて喜んでくれた。端《はた》から見たらアホかもしれないけど、僕は涙が出るほどうれしかった。"もう大丈夫だ。こんなに強くなれた。病気は完治した!"——心の底から確信した。そして、一緒になってアホなことをやったり、励まし合ったりする同志が、人間不信の壁を破ってくれていることに気がついた。

そして、信心《しんじん》は、弱い自分と向き合い、変わるためにあると感じた。自分に向き合わないヤツに、未来なんてない——自分自身に言い聞かせている。

今、男子部の区主任部長兼任の部長として、また、牙城会の区警備長として、使命の道を歩んでいる。昨年は3世帯の弘教《ぐきょう》が実り、願っていた通りの仕事に転職を勝ち取ることもできた。社会の中で頑張れることは、もちろんうれしい。だけど何より、過去のつらかったこと全てに感謝できる自分になれたことが、一番の功徳《くどく》だと実感している。

入会前の僕は、全て「人のせい」にしていた。でも信心は、全て「人のおかげ」に変えていける。だから、「あなたが嫌い」と僕を殴った担任さえ、今では感謝している。「あのつらい体験があったからこそ、池田先生と出会えました」って。

僕は、池田先生に、夢と希望と未来を与えてもらった。今度は、自分が与えていける人になる番だ。

「自分が池田先生にしていただいたように、メンバーに希望を送る人になりたい」と大岩さん(左から3人目)。同志と共に学ぶ日々だ

# 「同志がいたから踏ん張れた 師匠がいたからハラが決まった」

梶《かじ》田《た》 博《ひろ》己《み》さん　40歳

岐阜・恵那市

大白蓮華　2015年11月号掲載

# 〝戦い続ける人が仏——
# 妻が命で教えてくれた〟

人の心は揺れる。だからこそ、御本尊《ごほんぞん》、師匠、同志という、最高の「勇気と希望の源泉《げんせん》」を持つ学会員は、幸せだ。

亡き妻・麻紀子の、7カ月におよぶ闘病生活。そこで私は教わった。

「究極の生き方」とは何かを。

「最高の人生」とは何かを。

そして、「学会員である」ということ自体が、いかに幸福であるかを。

## ■移り変わる心

妻が「体がだるい」と言い始めたのは、2006年5月のこと。検査を受け、「急性リンパ性白血病」と告げられた。妻は泣き崩れ、私は恐怖で頭が真っ白になった。

前年の折伏《しゃくぶく》戦。男子部本部長として大勝利を収めた。確信と歓喜に満ち溢れていた。「もう怖いもんなしやな。家族に何か起きない限りな」なんて、同志と喜び合って談笑していた。そんな矢先に、〝家族に何か起きない限り〟が、起きてしまった。

2000年に結婚し、2人の娘に恵まれた。料理人としても、29歳で、ゴルフ場のレストランの和食部門の板長になれた。祈り戦い、功徳をたくさん頂いた。そんな幸せな日々が、〝妻が死ぬかもしれない〟という現実で、かすんでいくようだった。娘たちはまだ5歳と3歳。不安ばかりが先に立った。

妻は即、入院。抗がん剤治療の副作用が酷《ひど》く、けいれんを起こしたこともあった。苦しむ姿を目の当たりにしても何もできず、〝代わってやりたい〟と、何度、思ったことか。

信心《しんじん》で乗り越えなアカン。それは分かっている。でも、現実は厳しい。死が怖かった。妻がいなくなることなんて、考えられなかった。唱題《しょうだい》し、何とか自身を鼓舞しても、毎日、毎日、心が移り変わっていった。

## ■手を振るメンバーの姿

同志というのは不思議なものだ。弱い気持ちになった時、ここぞというタイミングで、いつも救ってくれる。彼らは決まって、「一緒に戦うでよ!」と声を掛けてくれた。その言葉は、私にとって、何よりの支えだった。

妻の病状は快方《かいほう》へは向かわず、名古屋の病院に移動した。面会謝絶になり、厳しい状態が続いた。

ある日、私が妻の病院にいると、携帯の着信音が鳴った。男子部のメンバーからだった。

「外、見てみ」

何だろうと思って、窓から駐車場を見下ろした。そこには、思いっきり手を振っている男子部員が、20人くらいいた。岐阜からわざわざ駆けつけたらしい。

苦楽を共にした親友。かわいい後輩。一緒に歴史をつくってきた、誇り高き同志。ガッツポーズをしたり、ピースしたり。自分が励まさなきゃいけない部員たちなのに、逆に勇気をもらった。

〝やられたなあ〟——笑いと涙が、一緒に込み上げた。そして、心の底から思った。自分は一人じゃない。この最高の同志がいるから、倒れないで踏ん張れているんや。ただ仲がいいだけじゃなく、深いところで分かり合える。それが学会の同志なんやなあ……。

妻の闘病が始まった当初は、恐怖100%だった。でも、同志のおかげで1%の勇気が湧いた。「0」と「1」では、全然気持ちが違った。それが、5%、10%と、少しずつ上がっていって、気がつけば、強気でいられる自分になっていた。もちろん、題目《だいもく》もあげまくっていた。その題目と、同志の激励が、勇気の度合いを引き上げてくれた。

## ■第九の怒濤《どとう》

私のハラを決めてくれたのが、池田先生の長編詩「『第九の怒濤』を観て」だった。

「古来《こらい》
船乗りの間には
嵐の波に周期があり
九番目に押し寄せる大波こそ
最も恐ろしいとする
言い伝えもあった。

「戦う環境にある、というのは、本当にありがたいことです」と梶田さん(中央)。日々、同志の声に耳を傾ける誠実さに、信頼が寄せられている

けれども
だからこそ
この最大の試練を
耐え抜き
乗り切ったならば
大いなる活路が
決然として
開かれゆくのだ。

そして
まさに今が
奮迅《ふんじん》の力を振り絞って
怒濤を乗り越えてゆく

長女・百花さん(左)、次女・小春さんと。梶田さんの活力の源泉

その瞬間なのだ」

この長編詩を見た時、身震いした。自分に言ってくださっているような感覚だった。"9番目の波よ、俺にも早く来い！"と、苦難に立ち向かう心に変わった。

当の妻本人は、というと――。すさまじい闘いをしていた。

結婚を機に入会した妻だったが、闘病をきっかけに、本気の信心が始まったようだった。池田先生の指導を読み、ベッドの上から友人に連絡し、仏法対話を重ねていた。病に侵されているはずなのに、生命力が迸《ほとばし》っていた。一度も弱音を吐かなかった。「池田先生が、どんどん近くに感じる」と言っていた。

もちろん、生き続けてほしい。でも、妻の姿を見て、思った。彼女は、生死を超えた「永遠の生命」を生きている、と。「戦い続ける人が仏」ということを、証明しようとしている、と。

12月14日、意識がもうろうとする中、「本当に私は頑張ったよ」と妻は言って、亡くなった。31年という短い人生。でも、私は確信した。妻は、最高の人生を生きたな。大勝利だったな。最愛の妻を亡くした悲しみよりも、すがすがしさが身を包んでいた。

でも、その後の生活の方が、悲しみや不安でいっぱいになっていった。小学校に通い出し、自分たちで弁当を作って登校する娘たちを見て、その健気《けなげ》さに胸が締め付けられた。「寿命分の広布《こうふ》の戦いを凝縮してやりますので、子どもが育ったら、私を早く死なせてください」とさえ祈った。

自身を奮い立たせるため、何度も読んだ師の指導

## ■最後の最後まで

やはり、そんな時に支えてくれたのは、同志の存在だった。強烈に元気なメンバーに囲まれ、徐々に気持ちが楽になっていった。

ある日、親友が語ってくれた。

「梶田君が偉大になればなるほど、麻紀ちゃんが輝くで。やらなアカンなあ」

本当にそうだと思った。そして、「残された家族が、明るく幸福な生活を送ることが、故人の成仏《じょうぶつ》の証しになる」との池田先生の指導を胸に、前に進もうと決めた。

そんな時、あるゴルフ場から、再建のために手を貸してほしいと、連絡を頂いた。そこのレストランは、「料理がまずい」と最悪の評判。料理人の仲間にも、「あそこはやめておけ」と言われた。だからこそ、余計に行きたくなった。戦い続ける人、挑戦し続ける人が仏であると、妻が生命を使って教えてくれたから。

料理長として迎え入れられ、再建の戦いが始まった。信心の実証《じっしょう》を示そうと、奮い立った。業者を変え、メニューを全て見直し、衛生面を整《ととの》え、信頼できる後輩の料理人を引っ張ってもらった。

地道に努力を重ねていくと、徐々に評判が上がっていった。諸天善神《しょてんぜんじん》も動き、地元の有力企業の客が気に入ってくれ、予約が増えた。経営は好転。かつて「やめておけ」と言った仲間からも、「評判、めちゃくちゃいいぞ！」と驚かれた。

娘たちも、本当は寂しいはずなのに、私に心配をかけまいと、気丈に振る舞い続けてくれた。今、2人とも中学生になり、ますます私を支えてくれている。うれしい限りだ。

妻のおかげ、同志のおかげ、そして何より、池田先生のおかげで、今の人生がある。だからもう、"早く死にたい"なんて思わない。

何があっても、最後の最後まで戦い抜く。全力で生き抜いてみせる。師のために。同志のために。

料理技術のコンクールで入賞し、贈られた盾

COLUMN

# 5

WHAT IS SOKA?

創価学会ってどんなところ？

# 多様な生き方を尊重するのが この仏法なんだ。

## Q 一つの考えに染まりたくない。

宗教をして、ものの見方が偏《かたよ》ったり、一つの狭い考え方しかできなくなる――。そんな心配をしているなら、創価学会の信仰は、全く違うんだ。

創価学会には、実に、いろんな人が所属している。一度、会合に行ってみれば、すぐに実感できると思うけど、サラリーマンや職人さん、芸術家、教育者、医師、実業家、学者など、多種多様なんだ。むしろ、君が普通に生活していても知り合えないような、他業種の人々、多様な個性の人たちと知り合える。そうした人たちと触れ合うことで、自分の視野を広げていけるんじゃないかな。

日蓮大聖人《にちれんだいしょうにん》は「桜梅桃李《おうばいとうり》」といって「桜は桜、梅は梅、桃は桃、李《すもも》は李と、おのおのの特質を改めることなく、そのままの姿で、本来の仏のありのままの生命を開いていると見ていくのである」と語られている。

この仏法は、人間の多様な生き方を尊重し、生かしていく哲理だ。自分自身が本来持っている特質を最大限に発揮して、自身をさらに充実させていく生き方を教えているんだ。

いろんな動物の中で、「どうすれば幸せになれるか」「自分の力を発揮できるか」「より良く生きられるか」など、哲学を持って生きている生き物は、人間だけなんじゃないかな。実はそこに、宗教の必要性もあるんだよ。君も、現実生活の中で、この仏法を実践し、自分自身を鍛え抜いていってほしい。必ず、自分にしかない使命の花を咲かせることができるよ。創価学会の信仰は、君が君らしく輝くための信仰なんだ。

# • GLOBAL WATCH •

## ・グローバルウォッチ・

世界192カ国・地域に広がる仏法。
人種や民族の差異を超えて、青年が抱く
未来への希望、幸せを見いだす力とは？

# GLOBAL WATCH

GLOBAL WATCH 1 YOUTH & HOPE

# 「ネット⇄リアル 自分⇄他者 喜びも痛みもシェアできる。」

**“無縁”が危惧《きぐ》される今、ネットの中に“縁”を求める若者は多い。**
**ここでは、アメリカの“オタク青年”を取材し、ネット社会を生きるヒントを探った。**

GLOBAL WATCH　YOUTH AND HOPE

NAME
ウィリアム・バウサーさん

CITY
大阪府東大阪市

PROFILE
3Dアーティストとして、ゲームの素材をデザインするウィリアムさん。人情味あふれる大阪の街と人が大好き。信心した最高の功徳《くどく》は、「生涯の同志である人生の伴侶《はんりょ》を得たこと」。2年前に郁《かおる》さんと結婚し、長男・光輝さんと3人で和楽の家庭を築く。32歳。

COUNTRY

U.S.A.

The article was originally featured on Seikyo Shimbun on 8th April in 2017.

## 人に尽くして生まれ変わる

アメリカ・バージニア州の出身。曽祖父、祖父、父はいずれも医師だった。そうした家庭環境のせいか、幼い頃から黒人の遊び仲間には、なじめなかった。しかし、白人の子と遊ぶと、友人の親から「うちの子と関わるな」と差別された。いつしか、ゲームが”一番の友達“になった。

大学は医学部に進む。パーティーに繰り出す学友を横目に、毎晩、ゲームの世界へ。バーチャル空間で車を自分仕様に改造し、ネットで出会った友人とカーチェイスに興《きょう》じた。

ついには、遊ぶだけでは飽き足らず、ゲーム制作にのめり込む。大学を卒業し、再び芸術専門の大学に入ったが、両親は大反対。ゲーム会社で働きながら学費も生活費も自分で稼いだ。

絶対に人には負けたくなかった。誰も信用せず、他人は皆、自分をおとしめる存在だと思っていた。だが、妻・川見《かわみ》郁さん＝白《しら》ゆり長＝は違った。

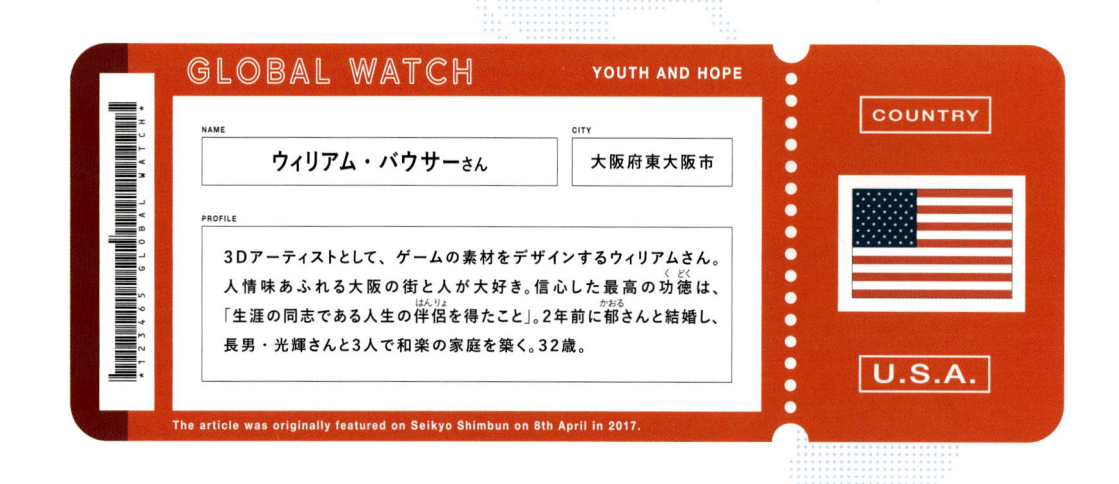

日本に住む郁さんとはSNSで知り合い、オンライン上で愛情を深めた。チャット（文字での雑談）で他人の不満を話すと郁さんにいつも叱られた。〈世の中、悪い人ばかりじゃないよ〉

高級住宅街の電器店で不審者扱いされた夜も、どうせ彼女には分かってもらえないと思っていた。だが彼女は憤《いきどお》り、〈あなたが黒人だから非道な扱いをされたんだ。ローザ・パークスさんが受けた人種

差別と同じだ!〉と。

驚いた。なぜ、日本人が黒人の歴史を知っているのか。しかも、彼女は「創価学会で教えてもらった」という。ネットでSGI(創価学会インタナショナル)の会館を検索し、会合に参加した。そこには、人種の垣根《かきね》を越え、互いを尊重し励まし合う姿が――。驚きは感動へと変わった。

2011年(平成23年)に入会。だが幸せになるどころか、会社が突然、倒産。「難が来たら、幸せになれるチャンス!」と励まされ、懸命に祈った。折伏《しゃくぶく》にも挑戦。初の弘教《ぐきょう》が実る。

失業から3カ月後、大阪のゲーム会社から突然、メールが届く。〈君のホームページを見つけて、作品に感動した。ぜひ、わが社で働いてほしい〉

12年に来日。郁さんが住む大阪で働き始める。仕事は多忙を極めたが、男子部の活動にも励んだ。当初、日本語の会話は片言。先輩がスマホの翻訳アプリを使い、常に一緒に行動してくれた。「どこまでも人を思い、尽くし抜く信心《しんじん》の実践を、先輩に教わった」

この5年で2人の友人に弘教。昨年は青年部教学試験2級に合格した。

過去の自分にとって、ネットの世界は、気の合う仲間だけとつながる"蛸壺《たこつぼ》"だった。だが今は違う――。池田先生が教えてくれた「人間として人間のために"胸を痛める"心」が芽生えた時、自分は生まれ変わった。ネットでもリアルでも、縁する全ての人は、自分をハッピーにしてくれる存在。この信心があれば、喜びも痛みも全部、シェアしていける。

2017年4月8日 聖教新聞掲載

GLOBAL WATCH 2 YOUTH & SOCIETY

# ・GLOBAL WATCH・

# 「宿命は、人生を深めるためのもの。」

**最も身近な社会である「家族」について考える。**
**マレーシアで父子家庭に育ち、父との確執に悩んできた女性。**
**彼女がたどり着いた“家族の意味”とは——。**

GLOBAL WATCH　YOUTH AND SOCIETY

NAME
西内 杏那《アンナ》さん

CITY
東京都日野市

PROFILE
アンナさんは振り返る。「家族の存在を“呪縛《じゅばく》”にするのも、“幸せの居場所”にするのも、自分で決めていける——それを、池田先生は教えてくださったと思うんです」。父・紀幸さんと過ごす穏やかなひととき。そばには叔母の公子さんが見守る。

COUNTRY
JAPAN

The article was originally featured on Seikyo Shimbun on 16th July in 2017.

## 父を愛せるようになるまで

5歳の時、両親が離婚。父は映像制作の仕事で世界を巡り、アンナさんは高知県に住む祖母へ預けられた。1年後、父から便りが届く。

〈マレーシアで一緒に暮らそう〉

当時、小学2年生。”お父さんに会える“と喜びいっぱいで海を渡ったが、苦しい現実が待っていた。言葉や文化の壁。父の収入は安定せず、生活も貧しい。それなのに父は毎晩酒を飲み、酔っては大声で怒鳴り散らした。

高校卒業に当たる年、マレーシア創価学会(SGM)の女子部の先輩に言われた。「日本の創価大学で学んでほしい。きっと成長できるから」

2005年(平成17年)、希望にあふれて参加した、創大入学式。創立者の池田先生の言葉に、衝撃を受けた。

「この中で、親孝行している人?」

「ハイ!」と皆が返事をする中、アンナさんは手を挙げられなかった。

”父と離れ、私は別の人生を行く“と思っていたから。アルバイトを掛け持ちし、学費は全て自分で稼いだ。父には頼らない。連絡を取ることも、ほとんどなかった。

だが大学4年の時、父は飲酒の影響で体調を崩した。仕方なく、日本で一緒に暮らすことに。体を壊しても父は相変わらず。連日、言い争いを繰り返した。親子の縁——それは、逃れようとしても追って

きて、両肩に重くのしかかってくるものに感じられた。信心《しんじん》強盛な叔母が励ましてくれた。

「アンナ、親が変わるのを求めるより、まず自分が変わることよ」

女子部の仲間と学会活動に励み、家族の悩みも語り合った。祈る中、徐々にだが、父への見方が変わる。心にしまっていた記憶がよみがえった。

〝侵略戦争をした日本人〟と、マレーシアの小学校でいじめられた時、「誰が何と言おうが、アンナはそのままでいい」と言ってくれた父。アジアの国々を一緒に旅し、「アンナという名は、日本以外でも通じる。自由に、世界へ羽ばたいてほしい」と言った。

〝不器用だけど、愛してくれた〟

そう思えた時、父と娘の関係を、結び直そうと決めた。

父は年追うごとに老いた。4度の脳梗塞《こうそく》を経験し、歩行も困難に。有料老人ホームへ入居した。でも、一緒に歩むことはできる――。今春、97歳の祖母を訪ね、2人で旅した。父が育った高知の街を、車いすを押して歩く。祖母に会い感極まって泣いた父は、景色を眺めて言った。「来ることができてよかった。ありがとう」

御書《ごしょ》に「父母となり其の子となるも必ず宿習《しゅくしゅう》なり」（902ページ）と。家族になるのも深い宿縁《しゅくえん》。池田先生は語る。「家族の中で『一人』が本気になって立ち上がれば、全員に妙法《みょうほう》の偉大な功徳《くどく》をめぐらしていくことができる」

アンナさんは創大を卒業し、今、外資系企業で通訳として活躍。父の願い通り、広い世界を見つめている。

2017年7月16日 聖教新聞掲載

GLOBAL WATCH 3 YOUTH & SOCIETY

# GLOBAL WATCH

# 「一家の幸せは、自分から始まる。」

**日本のみならず世界でも、さまざまな危機にさらされる家族。**
**インドの若者の体験から、崩壊した“家族の絆”を**
**取り戻すヒントを探った。**

GLOBAL WATCH YOUTH AND SOCIETY

NAME
パルトジート・チョクロボロティ さん

CITY
横浜市緑区

PROFILE
来日して2年── 学生部の会合や地元の座談会に積極的に参加し、「留学生の中で一番、日本語が上達した」と喜ぶパルトジートさん。今は日本語で仏法対話にも挑戦中。心が折れそうな時は“大楠公《だいなんこう》”の歌を口ずさみ、自身を勇気づける。26歳。

COUNTRY
INDIA

The article was originally featured on Seikyo Shimbun on 30th July in 2017.

## 母親から灯された“生きる希望”

東京工業大学大学院で、がん細胞を探知するセンサーを、企業と共同開発する優秀な学生。かつてのPJ(パルトジートさんの呼称《こしょう》)を知る人は、成長した今の姿に誰もが驚く。

親戚家族が同居するインド特有のビッグファミリー。しかし、家族間の諍《いさか》いが絶えず、大人はいがみ合うばかり。家にいると息が詰まった。思春期を迎えた13歳の頃から道を外れる。酒、タバコ、あらゆる悪事に手を染め、家族に暴言や暴力を浴びせた。悩んだ母は、さまざまな宗教にすがる。それが余計にPJをいら立たせた。

破滅的な生活は、PJの心を蝕《むしば》んでいく。友人関係につまずき、やがて、うつ病を発症。生きる希望を見いだせず、自殺未遂まで図る。2006年(平成18年)、母はSGI(創価学会インタナショナル)に入会した。日本の仏教だと知ると、PJは母をののしり続ける。唱題《しょうだい》の声が聞こえると、母の部屋に怒鳴り込んだ。

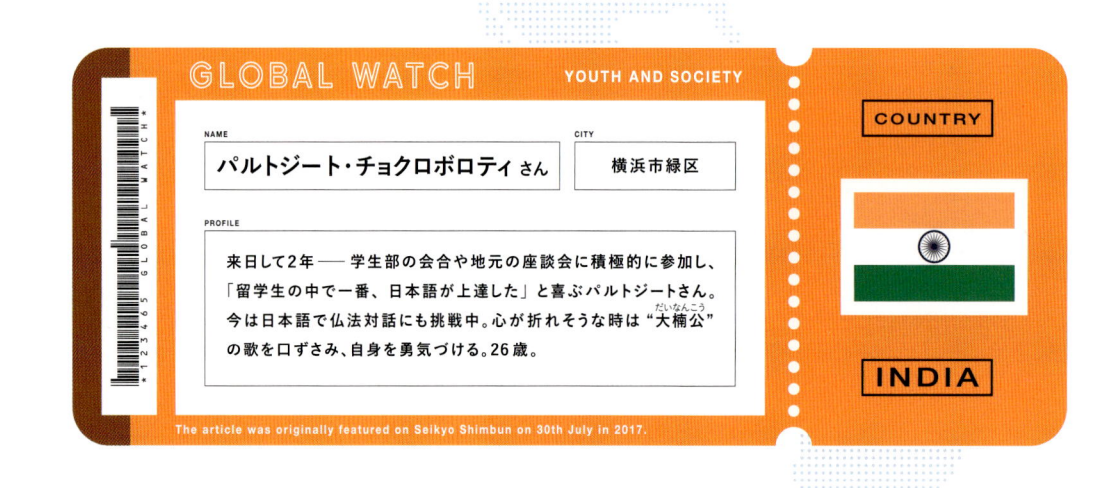

だが、どれほどひどい言葉をぶつけても、母は毅《き》然《ぜん》としていた。以前は感情を露《あら》わにしていたのに、母は変わった。“あなたを信じている”──大きな愛情で包み込まれるようだった。

PJは次第に落ち着く。悪友との関係を断ち、学習塾に通い始めた。しかし、それまでの遅れから成績は一向に上がらなかった。“努力しても

無駄だ……〟。再び、希望を失いかけたPJは、母に懇願《こんがん》する。「僕も、一緒に題目《だいもく》をあげたいんだ！」

09年に入会。1日3時間、4時間と題目を唱えた。池田先生の著作『青春対話』を学ぶ。「諸君はだれでも、自分の中に無限の『可能性の大地』をもっている」。祈ると希望があふれ、学習への意欲がどんどん湧く。目を見張るほど、成績も上がった。東インド最高峰の大学に入学を果たす。

ニューデリーの実家を離れ、コルカタでの学生生活。寂しさが募ったが、SGIの先輩が激励してくれた。毎日、『若き日の日記』を読む。〝先生がどれほど苦労され、このインドまで仏法を広げられたのか〟。ページをめくるたびに、胸が熱くなった。

折伏《しゃくぶく》にも挑戦。だが、友人に馬鹿にされる。「その宗教が正しいなら、君はもっと優秀なはずだ」。悔しかったが、批判されるたびに、過去の自分を思い返した。何を言おうと、母は祈り続けていた。

〝僕も絶対に負けない〟

懸命に勉学に励み、成績優秀者に。大学は首席で卒業。日本政府の奨学生に選ばれ、夢だった日本への留学も決まる。かつて批判していた友人も、「君を見ていたら、SGIの素晴らしさが分かるよ」と。現在までに11人の友を入会に導いた。

今でも、母は日に何度も電話をかけてくる。異国で暮らす息子が心配でならないのだ。「僕は大丈夫。SGIファミリーもいるから」と説得し、最近ようやく1日1回になった。PJはその電話で毎日、決意する。〝母が僕を諦めなかったように、僕も人生を諦めない〟。PJの夢は大学の教授だ。

2017年7月30日 聖教新聞掲載

COLUMN

6

WHAT IS SOKA?

創価学会ってどんなところ？

# 幸福な人生を歩むのが、最高の恩返しだ。

## Q きっと、家族や友達から反対されるんだけど。

家族や友達が反対する理由——それは、親や友達にとって「知らない世界」に君が足を踏み入れることを心配しているからだと思う。もしくは、創価学会に対して、正しい認識を持っていないからかもしれない。どちらにしても、君のことを思ってくれる、深い愛情や友情に対しては、大いに感謝するべきだよ。

でも、学会に対して偏見《へんけん》を持っている人には、インターネットや世間の風潮などに流されず、正しく冷静に学会のことを見てほしい。創価学会の公式ＨＰ（http://www.sokanet.jp/）に理念や活動の実態などが発信されているしね。

ネットでは、一部の人が学会に対して悪意のある情報を流していたりする。だからこそ、自分の目で創価学会を見て、その活動と会員一人一人の生きる姿勢を正しく知ってほしいんだ。実際に創価学会の活動を高く評価している有識者は、世界中にいくらでもいるんだ。不確かな情報に惑《まど》わされず何が真実かを自分で見て判断してほしい。

学会は、親孝行や友情といった「人間としての絆」を大切にしている。さらにいえば、この仏法を実践する中にこそ、深い次元での親孝行や友情の深まりがあると考えているんだ。

君には、この信仰で幸せになって、「大切な人たちも幸せにしよう」って考えてほしいな。人間性を磨き、幸福な人生を歩んでいく君の姿を見れば、ご家族もきっとわかってくれるはず。はじめは心配していたけれど、入会した子どもの成長する姿に接し、感動している親もたくさんいるよ。それこそ、君のことを心配してくれる人たちに対する最高の恩返しになるんじゃないかな。

# SPECIAL TALK

スペシャルトーク

お笑いコンビの漫才師 ナイツ

青春は悩み多き時代。夢や希望を抱いて仕事や勉強に打ち込んだものの、厳しい現実に直面し、うちひしがれることも少なくない。それどころか、人生に希望を持つことすら、ためらう若者も増えている。そんな時代にあって、多くの人々に笑いと元気と希望を送りゆく、実力派人気コンビの「ナイツ」が大きな注目を集めている。片足切断の危機や、つらい下積み時代を乗り越え、破《は》竹《ちく》の進撃を続けるに至った道のりを、2人に語ってもらいます。

大白蓮華 2012年3月号より編集　　撮影：齋藤 康一

# 環境じゃない 自分が変わればいい

**塙** 皆さん、どうして私が創価学会に入ったのか、気になってますよね。

**土屋** 急だな、おい(笑い)。しかも決めつけがすごいな。

**塙** 私は、もともと両親が創価学会に入会していたので、生後半年で入会したんですね。

**土屋** はいはい、いわゆる"学会2世"ってやつですよね。

**塙** いやー、あの時は、緊張したなー。

**土屋** 覚えてんの?(笑い)。そんなことあります? 生後半年ですよ。

**塙** ここからは真面目な話になりますが。

私がお笑いの世界に興味を持ったのは、小学生時代にイジメに遭ったことがきっかけでした。ある日、コンプレックスを売りにする芸人をテレビで目にしました。"あんなふうになれたら……"。そう思い、コンプレックスをネタにおどけてみせたのです。とてもウケました。それどころか、いじめられっ子から一転、人気者になりました。

この時、笑いにはすごい力があると実感し、いつかは自分もお笑い芸人になりたいと夢みるようになったのです。

## 落語研究会での出会い

**土屋** 私がお笑いの世界に入ったきっかけは、創価大学の落研《おちけん》(落語研究会)での先輩の塙さんとの出会いでした。当時、目指していた公認会計士の道を挫折し、心のすき間を埋めようと落研に入りました。人前で話すことで、ネクラな性格を変えたいという思いもありました。

**塙** 落研って「落合博満研究会」じゃないですよ。

**土屋** そんなこと、分かってるよ(笑い)。プロの世界に飛び込んだものの、日の目を見ない時代が続きました。大学時代は笑いが取れたのに、お金を払ってくれるお客さんの前では全然ウケません。

事務所の社長から、浅草の漫才協会に入るように言われ、戸惑いました。若者向けの"ライブ"でこそ、存分に力が発揮できると思ったからです。

寄席《よせ》では"若手の笑いは分かりにくい"と冷ややかに見られ、ライブでは"寄席芸人は古くさい"と言われました。つらい時期が何年も続きました。

**塙** そんな時でした。「環境じゃない。周りのせいにするな。自分が変わればいいのだ」との池田先生の指導に触れる機会がありました。まるで自分たちのために言われているようでした。私たちも、"俺は笑いの才能があるけど、事務所が悪いから売れないのだ"と、周りのせいにしていたのです。

**土屋** 私には漫才の師匠がいますし、武道には武道の師匠がいるでしょう。池田先生は、「こういうツッコミがいい」とか指導するわけではありませんが、もっと人生の根本のことを教えてくださる師匠なのです。

## 原点のネタ作りに徹する

**塙** 仏法で「桜梅桃李《おうばいとうり》」という言葉があります。"桜は桜、梅は梅の良さがあり、他と比べるのではなく、自分らしく輝いていけばいい"という意味です。

この言葉をはき違えていました。自分を変えないで、"俺は桜だ"と主張していたのです。自分が変わらなければ、美しい桜にはなれません。自分が成長し

なければ、梅にはなれないのです。

**土屋**　この自分の生命を変革し、自分を光り輝かせ、自分の色に染め上げる力が、信仰であり、学会の活動であり、池田先生の指導なのです。

**塙**　「自分の足もとにこそ、自分が求める泉《いずみ》がある」という池田先生の指導を読んでハッとさせられました。"そうだ。お笑い芸人にとって一番大事な原点ともいうべき「ネタ作り」に徹底して向き合おう"と。

毎日、寝る間も惜しんでネタ作りに明け暮れました。それまで月に一つだった漫才ネタを、一日に一つ作りました。また、寄席の出演も限界まで増やしてもらいました。年間、500から600の舞台を踏みました。吹っ切れたように、漫才が目に見えて変わっていきました。寄席でもライブでもドッとウケるようになりました。

**土屋**　すると、地味な寄席芸人というイメージから、「浅草から彗星のように出てきた新星若手芸人」へと変わっていったのです。マイナスと思われた要素を逆にプラスに変え、強力なウリにできたのです。これこそ、自分たちが目指していた本当の「桃李」の姿でした。

それまで、いつも2回戦、3回戦で敗退していた漫才コンクール「M-1グランプリ」では、2007年に準決勝戦へ、08年から3年連続で決勝戦に進出することができました。

**塙**　私たちが厳しい世界で粘り強く頑張れたのは、学会の皆さんの励ましのおかげです。

特に忘れられないのが、コンビを結成して間もないころのことでした。オートバイ事故に遭い、左足大腿部《だいたいぶ》の骨が粉々に砕ける重傷を負ったのです。足が炎症を起こし、40度近い高熱が治まりません。「一週間たっても熱が下がらなければ、足を切断します」と医師から言われました。

今こそ、真剣に祈り抜かなければと思うのですが、どうしようもない痛みやつらさで力が出ません。"もう、どうでもいい"と投げやりになりました。

そんな時、土屋君をはじめ、周りの学会員さんが、毎日のように、見舞いに来てくれました。

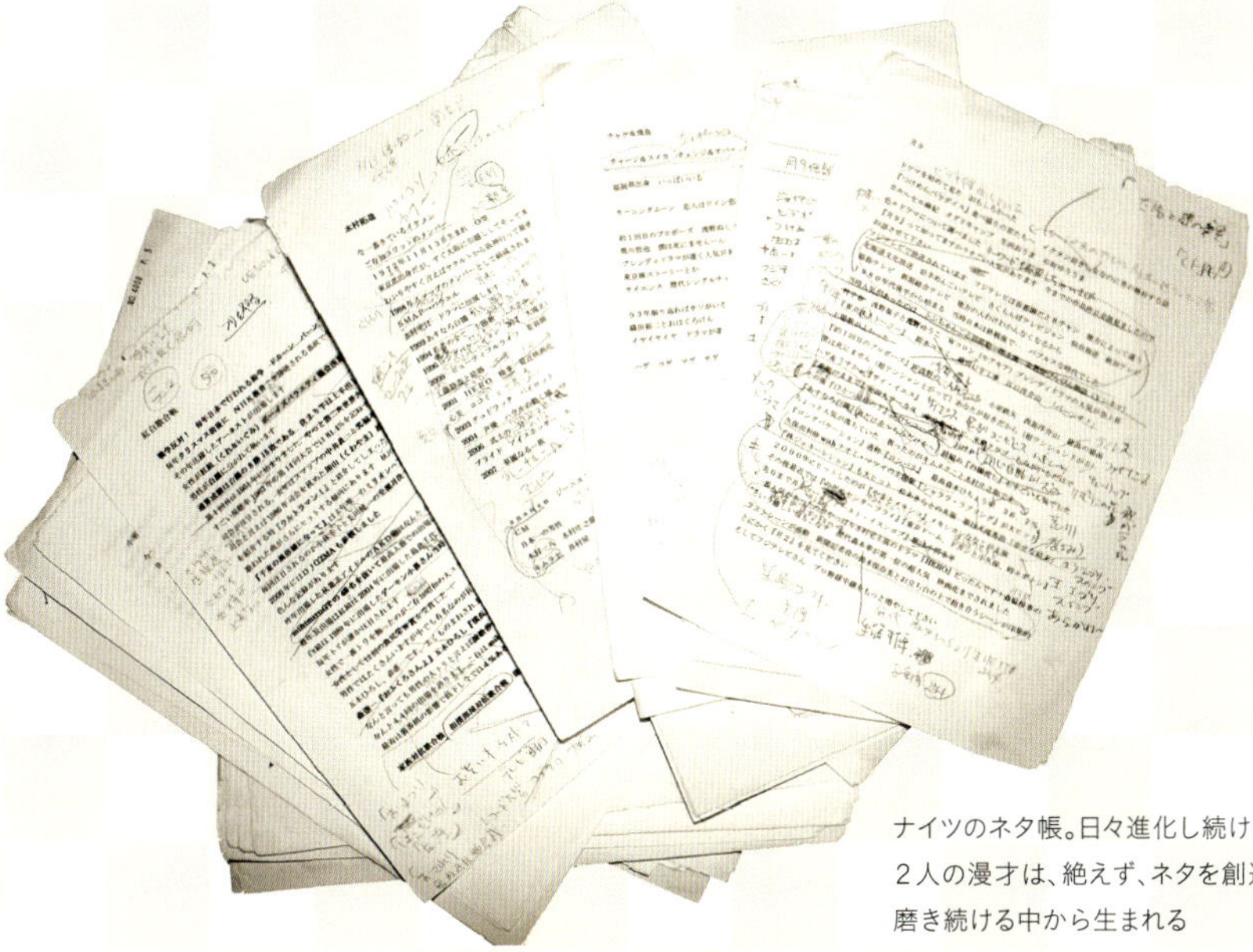

ナイツのネタ帳。日々進化し続ける2人の漫才は、絶えず、ネタを創造し、磨き続ける中から生まれる

「よくこのお店に来るんですよ」浅草の喫茶店で一休み（2015年8月）

「絶対に治る」と力強い言葉で励まし、わざわざ、みんなで集まって祈ってくれました。

〝俺一人のために、ここまでやってくれるなんて……〟。言葉にできない思いが込み上げ、胸が熱くなりました。学会のありがたさをしみじみと感じました。〝自分も負けていられない〟と思うようになり、心の中で真剣に祈りました。

おかげさまで、手術前日、熱も劇的に下がり、左足を切断せずにすんだのです。医師も驚くほどの回復ぶりでした。

## 瀕死《ひんし》の危機を乗り越えて

**土屋**　苦難に直面している一人のために、多くの人々がこれほど祈り、励ましてくれる。こんな温かい組織はありません。その励ましがあったから、立ち向かっていくことができたのです。信仰には、大きな力があるんです。

**塙**　人間は苦悩の底に沈んでいる時はなかなか力が出ないものです。そんな時でも、学会は、互いを励まし合い、苦しみの底から引き上げてくれるのです。

私の足は元に戻り、元気になりましたが、手術の後遺症《こういしょう》で、左足は今でもほんの少し短く、痛みも若干、残っています。でも、あの時のことを忘れないために、かえって良かったと思っているのです。

**土屋**　先ほど「桜梅桃李」と言いましたように、他人とあれこれ比べる必要はありませんが、人間がこの現実社会で生きていくうえで、自身との「勝負」を避けることはできません。若い皆さんにとっても、受験や就職、職場での信頼、一つ一つが勝負の連続だと思います。この勝負に勝つうえで、信仰は決定的な力を持っているのです。

**塙**　世に出ることができた私たちコンビにも、なかなか破れない大きな壁が立ちはだかりました。3年連続で「M-1グランプリ」の決勝に進むものの、いつも力を出し切れず、不完全燃焼だったのです。

〝あんな悔しい思いをしたくない〟――。それまでにないほど、祈り抜き、ネタ作りに全力を

## こんなに温かい人間の絆はない

# 一番面白い漫才師と言われたい

注ぎました。

そんな中で、創価大学の卒業式での池田先生のスピーチを思い出しました。「君たちの時代だから、君たちがすごいと言われるようにならなければいけないよ」と。"そうだ。いつも師匠はスゴイと言ってばかりいては説得力がない。弟子として申し訳ない。自分をここまで育ててくださった池田先生のご恩に応えるためにも、勝利の姿をお見せしよう"。こう深く誓《ちか》ったのです。自分にとっての勝利とは、一番面白い漫才師と言われることでした。

**土屋** そして、2011年12月に行われた年間最強漫才師決定トーナメント「THE MANZAI」では、自分たちの力をすべて出し切ることができました。それまでの限界を破り、準優勝を勝ち取ることができました。何と言っても、"視聴者投票で一位"になったことがうれしくて仕方ありませんでした。日本中の人から、一番、面白い漫才師と認めていただいたのです。

## 苦悩のそばに希望がある

**塙** 今までお話ししたように、私たちは2人とも、最初から自分の才能を花開かせ、お笑いの道を順調に歩んできたわけではありません。悩みや挫折に直面したから、自分たちがやりたいことを見つけ、才能を開花させることができました。

皆さんも、悩み多き青春時代を送っていることでしょう。人間関係や自分の欠点などで悩んだりすることがあると思います。実は、そんな苦悩のそばや陰にこそ、夢や希望や成功の種が眠っているのです。

**土屋** 私たちの仏法でも、"煩悩《ぼんのう》(悩み)は悟りを生むもとになる"と説いています。

「仏教って、煩悩をなくして、悟りを得る宗教じゃないのか?」。そう疑問に思った方もいるでしょう。それは誤った教えです。人間なんですから、悩みがなくなりはしないのです。

かといって、悩みを放っておいても、幸せにはなりません。この信仰によって、悩みや苦しみを、自分が飛躍するチャンスへと転換し、幸福への道を開いていけることを教えているのです。

**塙** 皆さんもどうか、この信仰で苦悩を乗り越え、自分の中に、自分にしかない輝きを見つけて、光り輝いてください。

話が「整《ととの》いました」ので、これで終わりにさせていただきます。

**土屋** こらっ。それは、ねづっちさんのネタだろう(笑い)。

"行学の二道を励み候べし" 仕事で多忙な中でも時間をつくり御書勉強会に参加する土屋さん

男子部の会合に集った練馬区のメンバーと塙さん

PROFILE

**塙宣之さん** 1978年生まれ、千葉県出身。 **土屋伸之さん** 同年生まれ、東京都出身。創価大学の落語研究会の先輩後輩として知り合い、「ナイツ」を結成。2003年に第2回漫才新人大賞、08年に「ヤホー漫才」でブレイク。第6回お笑いホープ大賞、NHK新人演芸大賞を受賞。浅草東洋館などの寄席に出演しながら、バラエティー番組などで活躍。

COLUMN

7

WHAT IS SOKA?

創価学会ってどんなところ?

# 創価学会は「励まし」のネットワーク。

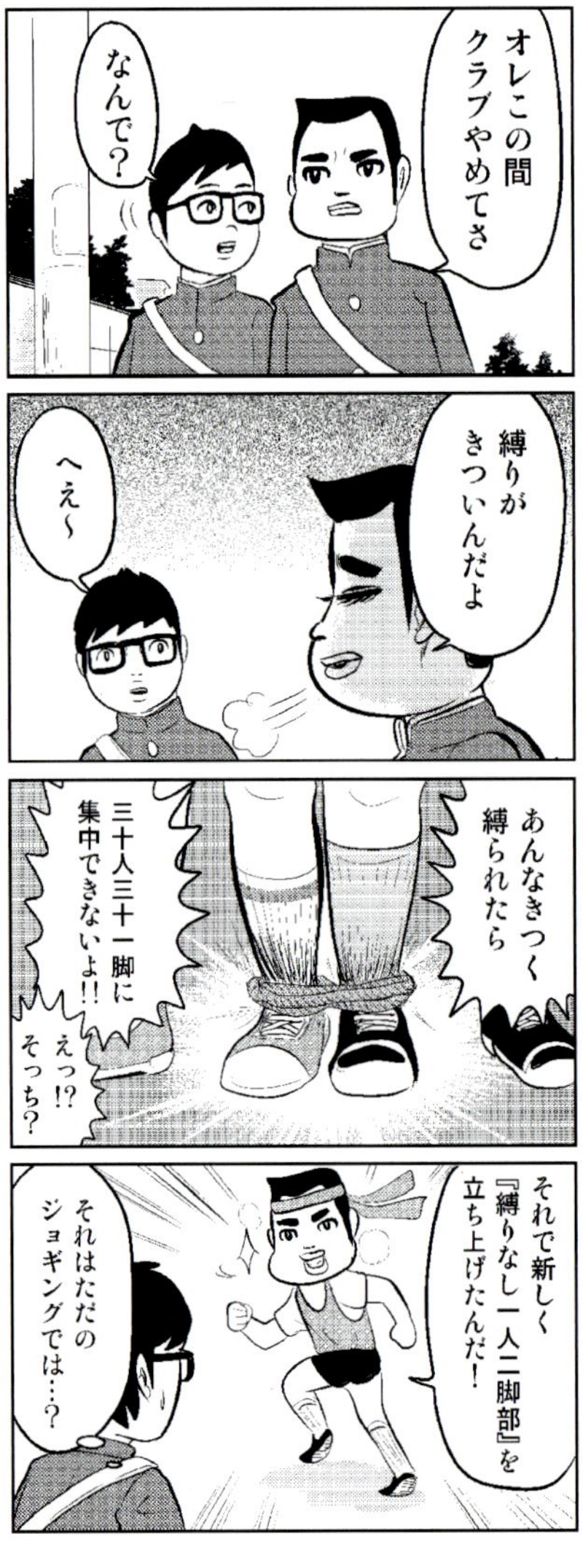


## Q 組織に入るって、なんだか怖い。

組織に入ると束縛《そくばく》される、同じ色に染められたら……そんな不安を抱えているなら、心配ない。創価学会は、そんな堅苦《かたくる》しいところじゃないんだ。入るのもやめるのも自由だよ。

「組織」といっても一対一の「絆」の集まり。学会には、職業や立場、年齢、生まれ育った環境、また国や文化も全く異なる、いろんな人たちがいる。それに世界192カ国・地域の人たちが、この仏法を実践しているんだ。

この仏法は、人間の多様性を最大に尊重し、生かし、調和させていく哲理なんだ。自分自身が本来持っている個性を最大に輝かせていける。

個性輝く一人一人が同じ信仰を実践して、友達の悩みや困難を、自分のことのように思い、祈り、励まし合いながら、日々、活動しているんだ。

勉強やスポーツもそうだけど、一人で何かを貫くって、実はとても大変なことじゃないかな。意志が相当強くなければ、続けるのは難しい。

自分の弱さに負けそうな時、つらくてどうしようもない時、先輩や友人の「励まし」という支えがあってこそ、信仰を持続し深めていくことができる。そこに学会の組織の温かさ、素晴らしさがある。

大人気の漫画『ONE PIECE(ワンピース)』には、仲間を思い、友情を大事にするセリフがいっぱい出てくる。人間関係が薄いといわれる若者から大きな共感を得ているのは、心から信頼できる仲間を求めている人が多いことの表れだと思う。今の社会で、献身《けんしん》的に支え合う「仲間」の集いであり、真心の「励まし」のネットワークが、学会の「組織」なんだ。